Stephan Beyer

Computerunterstützung der Unternehmensl

Einsatzbedingungen unter besonderer Berücksichtigung der Konzeption Data Warehouse

Bibliografische Information der Deutschen Nationalbibliothek:

Bibliografische Information der Deutschen Nationalbibliothek: Die Deutsche Bibliothek verzeichnet diese Publikation in der Deutschen Nationalbibliografie; detaillierte bibliografische Daten sind im Internet über http://dnb.d-nb.de/ abrufbar.

Copyright © 1996 Diplomica Verlag GmbH
Druck und Bindung: Books on Demand GmbH, Norderstedt Germany
ISBN: 9783838605593

http://www.diplom.de/e-book/216493/computerunterstuetzung-der-unternehmens-leitung

Stephan Beyer

Computerunterstützung der Unternehmensleitung

Einsatzbedingungen unter besonderer Berücksichtigung der Konzeption Data Warehouse

Diplom.de

Stephan Beyer

Computerunterstützung der Unternehmensleitung

Einsatzbedingungen unter besonderer Berücksichtigung der Konzeption Data Warehouse

**Diplomarbeit
an der Technischen Universität Berlin
Januar 1996 Abgabe**

Diplomarbeiten Agentur
Dipl. Kfm. Dipl. Hdl. Björn Bedey
Dipl. Wi.-Ing. Martin Haschke
und Guido Meyer GbR

Hermannstal 119 k
22119 Hamburg

agentur@diplom.de
www.diplom.de

ID 559
Beyer, Stephan: Computerunterstützung der Unternehmensleitung: Einsatzbedingungen unter besonderer Berücksichtigung der Konzeption Data Warehouse / Stephan Beyer - Hamburg: Diplomarbeiten Agentur, 1997
Zugl.: Berlin, Technische Universität, Diplom, 1996

Dipl. Kfm. Dipl. Hdl. Björn Bedey, Dipl. Wi.-Ing. Martin Haschke & Guido Meyer GbR
Diplomarbeiten Agentur, http://www.diplom.de, Hamburg
Printed in Germany

Diplomarbeiten Agentur

Wissensquellen gewinnbringend nutzen

Qualität, Praxisrelevanz und Aktualität zeichnen unsere Studien aus. Wir bieten Ihnen im Auftrag unserer Autorinnen und Autoren Wirtschaftsstudien und wissenschaftliche Abschlussarbeiten – Dissertationen, Diplomarbeiten, Magisterarbeiten, Staatsexamensarbeiten und Studienarbeiten zum Kauf. Sie wurden an deutschen Universitäten, Fachhochschulen, Akademien oder vergleichbaren Institutionen der Europäischen Union geschrieben. Der Notendurchschnitt liegt bei 1,5.

Wettbewerbsvorteile verschaffen – Vergleichen Sie den Preis unserer Studien mit den Honoraren externer Berater. Um dieses Wissen selbst zusammenzutragen, müssten Sie viel Zeit und Geld aufbringen.

http://www.diplom.de bietet Ihnen unser vollständiges Lieferprogramm mit mehreren tausend Studien im Internet. Neben dem Online-Katalog und der Online-Suchmaschine für Ihre Recherche steht Ihnen auch eine Online-Bestellfunktion zur Verfügung. Inhaltliche Zusammenfassungen und Inhaltsverzeichnisse zu jeder Studie sind im Internet einsehbar.

Individueller Service – Gerne senden wir Ihnen auch unseren Papierkatalog zu. Bitte fordern Sie Ihr individuelles Exemplar bei uns an. Für Fragen, Anregungen und individuelle Anfragen stehen wir Ihnen gerne zur Verfügung. Wir freuen uns auf eine gute Zusammenarbeit

Ihr Team der *Diplomarbeiten* Agentur

Dipl. Kfm. Dipl. Hdl. Björn Bedey –
Dipl. Wi.-Ing. Martin Haschke ——
und Guido Meyer GbR ————

Hermannstal 119 k ————
22119 Hamburg ————

Fon: 040 / 655 99 20 ————
Fax: 040 / 655 99 222 ————

agentur@diplom.de ————
www.diplom.de ————

Inhaltsverzeichnis

Abkürzungsverzeichnis

AktG	Aktiengesetz
CEO	Chief Executive Officer
CIO	Chief Information Officer
ebd.	eben dar
engl.	englisch
FN	Fußnote
Hbd.	Halbband
Hrsg.	Herausgeber
Jg.	Jahrgang
m.N.	mit Nachweisen
m.w.N.	mit weiteren Nachweise
Nr.	Nummer
o.V.	ohne Verfasser
S.	Seite(n)
Sp.	Spalte(n)
Vgl.	Vergleiche
ZfB	Zeitschrift für Betriebswirtschaft
ZfbF	Zeitschrift für betriebswirtschaftliche Forschung

Abbildungsverzeichnis

1   Grundlagen

1.1   Einleitung und Problemstellung

Betrachtet man retrospektiv die rasanten informations- und kommunikationstechnolo-
gischen Entwicklungen der letzten Jahrzehnte und deren unaufhaltsame Verbreitung in
den Unternehmungen, liegt zunächst oberflächlich die Vermutung nahe, daß auch das
Management in größerem Maße an dem technologischen Fortschritt partizipieren und
von ihm profitieren konnte. In der unternehmerischen Realität prägt jedoch allgemeine
Skepsis die Erfolgsbeurteilungen[1]. Insbesondere konnten die für die höheren Ebenen
des Managements entwickelten Computersysteme vielfach nicht den Erwartungen
entsprechen[2]. Vornehmliche Gründe hierfür waren sowohl ein Mangel an organisati-
ons- und managementtheoretischen Grundlagen[3], auf deren Basis computergestützte
Managementsysteme hätten betrieben werden können, als auch Fehleinschätzungen
der Potentiale und der Leistungsfähigkeit bestehender Technologien[4].

Vor dem soeben beschriebenen Problemfeld ist auch die neuere informationstechnolo-
gische Konzeption des Data Warehouse zu sehen[5]. Seine Technologie besteht im Wesentlichen aus einer Datenbank, in der für Entscheidungs-, Planungs- oder
Informationsanwendungen relevante unternehmungsinterne wie -externe Daten zusammengeführt und gezielt verdichtet werden, mit dem Zweck, betriebswirtschaftliche
Analysen und die Entscheidungsvorbereitung zu verbessern[6]. Hinsichtlich der oben
skizzierten Erfahrungen soll nun in der hier vorliegenden Arbeit kritisch die Frage
erläutert werden, ob ein Data Warehouse Potentiale zur Unterstützung der Arbeit
einer Unternehmungsleitung bereithält und wie diese zu bewerten sind.

Hierbei soll explizit ein managementorientierter Ansatz verfolgt werden. Dessen
Grundgedanke ist, daß eine technologische Unterstützung nach Maßgabe der speziel-

---

[1] Vgl. STREICHER (1989), S. 39 f.; KREITEL (1995), S. 754 f.
[2] Näher Kapitel 3.1.2 auf S. 35 f.; siehe auch ZANGER/BAIER (1995), S. 50 f.
[3] Hierzu auch ARBEITSKREIS „ORGANISATION" (1996), S. 624.
[4] Vgl. PICOT/MAIER (1992), Sp. 931.
[5] Eine eingehende Beschreibung erfolgt in Kapitel 3.2.2 auf S. 39 ff.

len Bedürfnisse und der Aufgabenstellungen der Unternehmungsleitung zu erfolgen hat. Maßstab für eine Bewertung der Konzeption Data Warehouse müßte dann folglich ein managementtheoretischer Bezugsrahmen sein, aus dem heraus Anforderungen an die Computerunterstützung der Unternehmungsleitung zu stellen sind. Zu beachten ist hierbei allerdings die latente Gefahr, die derzeit gültigen technologische Beschränkungen zu vernachlässigen und Anforderungen zu formulieren, die lediglich unüberbrückbare Diskrepanzen zur Technologie aufzeigen[7]. Bestärkt wird diese Vermutung, angesichts der Komplexität mancher managerialer Entscheidungstatbestände. So können beispielsweise viele Frage im Umfeld der Fusion von zwei Großunternehmen nur sehr vage beantwortete werden. Wird nun auf der anderen Seite versucht diesem Manko mit einem technologischen Ansatz zu begegnen liegen die Gefahren exakt diametral, d. h. eine zu intensive technologische Fokussierung verdeckt leicht die eigentlichen Bedürfnisse der Anwender. Dann würden sich nämlich die Unterstützungspotentiale des Top-Managements primär nach Maßgabe technologischer Realisierungsmöglichkeiten bemessen.

Dem managementorientierten Ansatzes soll im Rahmen dieser Arbeit der Vorzug gegeben werden, da mit ihm eine an den Aufgaben der Unternehmungsleitung orientierte Beurteilung von Data Warehouse möglich wird. Kann folglich mit einem Data Warehouse die Verbesserung der funktionalen Aufgabenerfüllung der Unternehmungsleitung erreicht werden, läßt sich die Anschaffung eines Data Warehouse rechtfertigen. Um Mißverständnissen vorzubeugen sei noch bemerkt, daß hier entgegen klassischen Investitionsrechnungen aber nicht der monetär meßbare Nutzen des Data Warehouse, beispielsweise eines Return on Investment, im Zentrum der Untersuchung steht, sondern die fundamentalere Frage der aufgabenkonformen Verwendbarkeit eines Data Warehouse[8].

---

[6] Vgl. TIEMEYER (1996), S. 46; HEINRICH/HOFFMAN (1996), S. 21; ARBEITSKREIS „ORGANISATION" (1996), S. 660.
[7] Eine eingehende Diskussion erfolgt in Kapitel 4.
[8] Klassische Methoden der Investitionsrechnung haben sich zur Rechtfertigung von Informationstechnologien, wegen ihrer starren, finanziellen Methodik als wenig hilfreich erwiesen. Vgl. INMON (1993), S. 63.

1.2   Plan der Untersuchung

Der Untersuchungsgang dieser Arbeit ergibt sich entlang der zentralen Frage, ob ein Data Warehouse Potentiale zur Unterstützung der Unternehmungsleitung bereithält. Entsprechend dem hier gewählten Ansatz werden zuerst Anforderungen an die Computerunterstüzung der Unternehmungsleitung formuliert (Kapitel 2), dann die Potentiale der Konzeption Data Warehouse erklärt (Kapitel 3) und abschließend in einer Gegenüberstellung Diskrepanzen aufgezeigt (Kapitel 4).

Im Einzelnen bedarf der Untersuchungsplan an dieser Stelle jedoch noch einiger konzeptioneller Vorarbeit. Grundsätzlich ist Data Warehouse den Informations- und Kommunikationstechnologien zuzuordnen. Deren vornehmliche Funktionen sind das Sammeln, Verarbeiten und Verteilen von Informationen. Aus diesen Grund können hier auch nur informationsbezogene Arbeitsinhalte der Unternehmungsleitung untersucht werden[9]. Mit dieser elementaren Feststellung ergibt sich folgender Untersuchungsgang: Zum Ersten ist zu prüfen welche Informationsarten und -inhalte für Top-Manager relevant sind und wie diese unter Einbeziehung seiner formellen und informellen Kommunikationssysteme[10] gesammelt, verarbeitet und verteilt werden sollten. Daraus lassen sich dann Anforderungen an die Unterstützung der informatorischen Arbeit von Top-Managern ableiten. Ansatzpunkt hierfür ist die im Kapitel 2.1 durchgeführte Untersuchung des Informationsbedarfs der Unternehmungsleitung. Im Weiteren ist kritisch zu hinterfragen, ob die Technologie in der Lage ist, den an sie gestellten Anforderungen[11] gerecht zu werden. Exemplarisch soll dies im dritten und vierten Kapitel der vorliegenden Arbeit an der Konzeption Data Warehouse erfolgen. Zum besseren Verständnis der Gesamtzusammenhänge werden in Kapitel 3.1 auch die existenten Konzeptionen computergestützter Managementunterstützung vorgestellt.

---

[9] Durch diesen konzeptionellen Ansatz werden vernachlässigt 1.) nicht informationsbezogene Arbeiten, z. B. reine Realisationshandlungen und 2.) Arbeiten, bei denen Top-Manager Computer für nicht informatorische Arbeiten nutzen, z. B. Computerspiele. Da aber unternehmerisch relevante Informationen ein Kernelemente für die Arbeit der Unternehmungsleitung sind, ist die Untersuchung in ihren Aussagen in vertretbarem Maße beschränkt. Siehe auch Kapitel 2.1.1.
[10] Zum Kommunikationssystem von Managern siehe FRESE (1995), S. 105 ff.; KOREIMAN (1992), S. 46 f.
[11] Es sei noch einmal betont, daß dieser Ansatz von managementtheoretischen Momenten getragen wird und nicht von den derzeitigen technologischen Realisierungsmöglichkeiten.

2 Informationsbedarfsorientierte Anforderungen an die Computerunterstützung der Unternehmungsleitung

Einführend soll im Folgenden kurz die Argumentation des zweiten Kapitels präsentiert werden. Anforderungen an ein System zur Computerunterstützung der Unternehmungsleitung können nach dem hier vertretenen, managementtheoretischen Ansatz nur unter Berücksichtigung der Aufgaben von Top-Managern formuliert werden. Hierzu wäre es notwendig, diejenigen Informationen zu kennen, die das Top-Management zur Erfüllung seiner Aufgaben benötigt, außerdem deren Quellen und deren Eigenschaften. Ferner ist die Informationsverarbeitung eines Top-Managers ein weiteres wichtiges Erkenntnisobjekt. Die theoretische Grundlage für diese Fragen bildet das Konzept des Informationsbedarfs. Für den hier verfolgten Zweck eignet es sich deshalb, weil damit die aufgabenrelevanten Informationen für Top-Manager dargestellt und abgegrenzt werden können[1] und es darüber hinaus auch technologieunabhängig ist[2].

Der Herleitung von Anforderungen stehen allerdings konzeptionellen Barrieren im Wege. Hiermit sind die divergierenden Ansätze der Literatur zur Beschreibung und Analyse managerialer Aufgaben gemeint[3]. Um trotzdem den für diese Untersuchung benötigten Erkenntnisraum füllen zu können, wird die eingehende Betrachtung zweier unterschiedlicher Ansätze vorgeschlagen. Die von MINTZBERG[4] auf empirischer Basis erarbeiteten handlungsorientierten Managerrollen stellen in einer ersten Analyse relevante Informationsarten und -inhalte heraus und zeigen informationsbezogene Aktivitäten von Top-Managern auf[6]. Bei v.WERDER werden im Gegenzug in einer eher analytisch - funktionsorientierten Perspektive die Kompetenzen und Arbeitsinhalte von Top-Managern mit den Kernaufgaben der Unternehmungsleitung dargelegt[6]. Aus den Hauptaussagen beider Ansätze lassen sich dann Anforderungen an die Com-

---

[1] Siche hierzu die Unterscheidung von Informationsangebot, -nachfrage und -bedarf in Punkt 2.1.2
[2] Gerade vor dem Hintergrund der schnellen Alterung von Computersystemen ist dies unverzichtbar.
[3] Für eine Gegenüberstellung unterschiedlicher Ansätze der Managementforschung siehe STAEHLE (1991), S. 74 ff; STEINMANN/SCHREYÖGG (1993), S. 39 ff.
[4] Vgl. Literaturhinweise in FN 37 und 38, S. 10.
[5] Siehe im Einzelnen S. 10 ff. m. N.
[6] Hierzu im Weiteren auf S. 17 ff. m. N.

puterunterstützung von Top-Managern in geeigneter Form und Fundierung aufstellen[7].

2.1 Der Informationsbedarf der Unternehmungsleitung

Um ein einheitliches Verständnis der hier benutzten Terminologie herstellen zu können, sind zunächst noch die Begriffe Unternehmungsleitung und Top-Manager zu definieren. Unter Unternehmungsleitung wird die oberste Ebene der Unternehmungshierarchie verstanden, welche zur Festlegung der für alle Unternehmungsaktivitäten bindenden Unternehmungsziele legitimiert ist[8]. Top-Manager sollen im weiteren als Mitglieder der Unternehmungsleitung verstanden werden, wobei hier keinerlei Einschränkungen über deren Anzahl oder Stellung untereinander gemacht werden. Ferner haben prinzipiell alle getroffenen Aussagen der Untersuchung ihre Gültigkeit unabhängig von der Rechtsform, Organisationsstruktur oder Größe der Unternehmung[9]. Es kann aber angenommen werden, daß tendenziell nur größere Unternehmungen in der Lage sein werden ein Data Warehouse Projekt zu finanzieren.

2.1.1 Informationen als Produktionsfaktor für die Unternehmungsleitung

Bevor mit der eigentlichen Untersuchung begonnen wird, noch einige Bemerkungen zur speziellen Bedeutung von Informationen für die Unternehmungsleitung: An Bezeichnungen wie „vierter Produktionsfaktor"[10] oder "Rohstoff für strategische Entscheidungen"[11] wird besonders deutlich, daß Informationen für Top-Manager eine herausragende Stellung besitzen[12]. Richtig ist dies nicht zuletzt, da Informationen als Basis von Entscheidungen zum wesentlichen Element managerialen Handelns werden[13]. Die Unternehmungsleitung ist dabei auf die Gewinnung und Verarbeitung spe-

---

[7] Diese Darstellung erfolgt auf S. 26 ff.
[8] Vgl. FRESE/MENSCHING/v. WERDER (1987), S. 15.
[9] für die Organisation der Unternehmungsleitung in verschiedenen Rechtsformen siehe FRESE/MENSCHING/v. WERDER (1987), S. 299 ff.
[10] Siehe die Aussagen von ROCKART in o. V. (1995), S. 166 f.
[11] Vgl. KREIKEBAUM (1989) S. 32.
[12] Zur speziellen Ökonomie von Informationen siehe JONSCHER (1994), S. 6 ff.
[13] Vgl. DRUCKER (1976), S. 56.

zieller, geeigneter Informationen[14] angewiesen, weil sie an diese aufgrund ihrer Aufgaben besonders hohe Anforderungen stellen muß[15]. Um welche Anforderungen es sich dabei handelt, gilt es im Laufe der unten folgenden Untersuchung sichtbar zu machen. Werden die gewonnenen Informationen den Anforderungskriterien gerecht, können Manager dann ihre Entscheidungen besser fundieren, anstatt sie auf Intuition oder gar Unwissenheit wegen unzureichender oder ungeeigneter Informationen zu stützen[16]. In wieweit hiervon dann die Qualität der Entscheidungen abhängig ist, wird in der Literatur im Rahmen des intuitivem bzw. intendiert-rationalem Management diskutiert. Da die Qualitätsfrage nicht explizit Thema dieser Arbeit ist, sei hier auf die kritische Gegenüberstellung beider Managementansätze bei MINTZBERG[17] verwiesen.

2.1.2 Konzept des Informationsbedarfs

Nachdem die besondere Bedeutung von Informationen für Top-Manager umrissen ist, wird mit der Herleitung des Informationsbedarfs der Unternehmungsleitung begonnen, aus dem später die aufgabenbezogenen Anforderungen an die Computerunterstützung abgeleitet werden können. Ausgangspunkt der Argumentation ist die Überlegung, daß Informationsbedarf entsteht, wenn zur Lösung eines Entscheidungsproblems geeignete Informationen benötigt werden[18]. Dabei sind Informationen als geeignet anzusehen, wenn sie einen Zweckbezug zur Lösung des Entscheidungsproblems haben[19]. Allgemein kann ein Zweckbezug aus objektiven oder subjektiven Motiven abgeleitet werden. Hierbei führen die objektiven Motive auf den Informationsbedarf[20], während die subjektiven die hiervon zu unterscheidende Informationsnachfrage begründen[21]. Ein objektiver Zweckbezug wird insbesondere durch berufliche Aufgabenerfüllung

---

[14] Vgl. BEA/HAAS (1995), S. 231.
[15] Zu Anforderungskriterien an Informationen siehe BEA/HAAS (1995), S. 240 ff.; HORVATH (1994), S. 348.
[16] Vgl. THIERAUF (1988), S. 3.
[17] Vgl. MINTZBERG (1989), S. 66-72, m. N., der sich in diesem Zusammenhang mit den von SIMON vertretenen Thesen zum intuitiven Management auseinander setzt.
[18] Vgl. WITTE (1972), S. 4 f.
[19] Vgl. BERTHEL (1992), Sp. 873.
[20] Vgl. BERTHEL (1975), S. 27 ff.
[21] Vgl. KOREIMAN (1992), S. 87.

erreicht. Er ist auch von unternehmerischen Ziele ableitbar[22]. Dies bedeutet, daß Informationen objektiv geeignet sind, wenn sie personenunabhängig und aufgaben- bzw. zielspezifisch benötigt werden, um zu Lösungen eines Entscheidungsproblems zu gelangen[23]. Anders formuliert sind Informationen dann für die Unternehmungsleitung geeignet, wenn sie zur Lösung von Entscheidungsproblemen im Rahmen ihrer Aufgaben benötigt werden[24]. Dies wiederum führt auf die Grundidee der folgenden Abschnitte, den Informationsbedarf der Unternehmungsleitung aus deren Aufgaben abzuleiten[25] [26]. Hiermit wird erreicht, daß der nach objektiven Kriterien festgelegte Informationsbedarf als konzeptionelle Grundlage für die Beschreibung von Anforderungen der Unternehmungsleitung an die Computerunterstützung fungieren kann[27].

Die Informationsnachfrage, welche durch einen subjektiven Zweckbezug zwischen Information und Lösung eines Entscheidungsproblems begründet wird, ist von dem Informationsbedarf abzugrenzen. Hierbei besteht der Zweckbezug beispielsweise in der privaten Neigung oder in intellektueller Neugierde zur Problemlösung. Dies bedeutet, daß eine Entscheidungsperson Informationen als geeignet ansieht nach Maßgabe seiner subjektiven, von individuellen Interessen beeinflußten Einschätzung. Entsprechend dieser Einschätzung wird die Entscheidungsperson auch seine (subjektive) Informationsnachfrage artikulieren, um die für eine Lösung (subjektiv) geeigneten Informationen zu erhalten. Die Realität zeigt, daß sich insbesondere in komplexen Entscheidungssituationen dann Informationsnachfrage und objektiver Informationsbedarf nicht vollständig überschneiden [28] [29] (siehe Abbildung 1) und somit ein nicht lösungsgerechter Aufwand zur Informationsbeschaffung betrieben wird.

---

[22] Folglich kann Informationsbedarf auch als der im Sinne des Zielsystems der Unternehmung erforderliche Zuwachs an führungsrelevantem Wissen definiert werden. Siehe BEA/HAAS (1995), S. 237.

[23] Vgl. auch den Begriff der Information als zweckorientiertes Wissen bei BERTHEL (1992), Sp. 872.

[24] Zum Vergleich: bei SZYPERSKI (1980), Sp. 904, wird der Informationsbedarf definiert als „Art, Menge und Qualität der Informationsgüter, die ein Informationssubjekt im gegebenen Informationskontext zur Erfüllung einer Aufgabe in einer bestimmten Zeit und innerhalb eines gegebenen Raumgebildes benötigt bzw. braucht."

[25] Vgl. BERTHEL (1992), Sp. 873.

[26] Siehe hierzu die Aufgaben der Unternehmungsleitung, S. 9 ff.

[27] Vgl. auch SZYPERSKI (1980), Sp. 910.

[28] Vgl. WITTE (1972), S. 60 ff.

[29] Die Differenz aus Informationsnachfrage und Informationsbedarf wird durch Informationsverhalten, d.h. das auf Information gerichtete Tun und Unterlassen von Menschen erklärt. Da eine einge-

In einer weiteren wichtigen Abgrenzung, die hier vorgenommen werden soll, sind Informationen von Nachrichten abzugrenzen, die überhaupt keine zweckgebundene Wissenerweiterung[30] darstellen[31] und somit auch keinen Beitrag zur Lösung eines Entscheidungsproblems leisten können.

Nach inhaltlicher Klarstellung der Begriffe Informationsbedarf und Informationsnachfrage, bleibt nach Abbildung 1 noch die Teilmenge des Informationsangebotes zu verdeutlichen. Praktisch jedes System zur Informationsgewinnung und -verarbeitung ist in der Lage, seinen Systemnutzern eine unbegrenzte Menge an Informationen anzubieten. Dieses Informationsangebot ist in unterschiedlichsten Formen in Speichern, Dokumentationen und Archiven vorhanden. Es wird dabei laufend von unternehmungsinternen wie -externen Quellen mit neuen Informationen beliefert[32]. Auch hier zeigt sich, daß die von den Systemnutzern artikulierte Informationsnachfrage sowie der Informationsbedarf nur teilweise von dem Angebot an Informationen abgedeckt werden. Der Grund hierfür liegt in der Architektur der Systeme, die weder den Informationsbedarf noch die Informationsnachfrage seines Benutzers vollkommen kennen oder antizipieren können, und deshalb Informationen bereit halten, die weder nachgefragt noch benötigt werden.

---

hende Betrachtung den inhaltlichen Rahmen dieser Arbeit sprengen würde, sein auf die Darstellungen bei GEMÜNDEN (1992), Sp. 1016 ff. m.w.N. verwiesen.

[30] Vgl. GEMÜNDEN (1992), Sp. 876.

[31] Es sei hier ausdrücklich vermerkt, daß die Begriffe Information und Nachricht keineswegs einheitlich definiert sind. Ausgangspunkt ist hier die betriebswirtschaftliche Informationstheorie. In der Nachrichtentechnik werden beide gleichermaßen als Signalbedeutungen definiert. Information beschreibt in diesem Zusammenhang den rein quantitativen Aspekt von Nachrichten, d.h. losgelöst von subjektiven Wertungen haben zwei Seiten Text die doppelte Informationsmenge wie eine Seite Text. Siehe hierzu exemplarisch STEINBUCH/RUPPRECHT (1982), S. 3 f. und S. 168 ff.

[32] Vgl. BERTHEL (1992), Sp. 875.

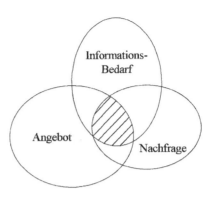

Abbildung 1: Informationsbedarf

Quelle: BERTHEL (1992), Sp. 872.

Abschließend soll noch einmal die Frage beleuchtet werden, warum die Kenntnis des Informationsbedarfs der Unternehmungsleitung relevant ist. Dieser Punkt läßt sich durch das Bestreben nach einer optimalen Gestaltung der Computersysteme für die Unternehmungsleitung beantworten[33]. Ziel ist es, ein System zu schaffen, in dem sich Angebot, Nachfrage und Informationsbedarf vollkommen überdecken. In diesem Fall spricht man von einer optimalen Informationsversorgung[34]. Hierdurch erreicht das System auch seine größtmögliche Wirtschaftlichkeit, da nur bedarfsgerechte Informationen und keine die Kosten treibenden Nachrichten produziert werden. Zusätzlich werden die Nutzer vor einer nicht bedarfsgerechten Informationsflut bewahrt.

2.1.3 Aufgaben der Unternehmungsleitung

Wie in dem obigen Abschnitt bereits festgestellt, ist eine Analyse der Aufgaben der Unternehmungsleitung Grundlage für die Kenntnis ihres Informationsbedarfs. Ziel der Ausführungen in diesem Abschnitt wird es nun sein, die angesprochene Aufgabenanalyse durchzuführen, um somit ein Abbild des Informationsbedarfs von Top-

---

[33] Hier sei erneut auf die Frage hingewiesen, ob durch optimale Informationsversorgung eine Verbesserung der Qualität managerialer Entscheidungen eintritt und meßbar ist. Siehe PICOT/REICHWALD (1987) S. 146 f. (zustimmend) und WITTE (1972), S. 20 ff. und S. 39 ff. (ablehnend).

Managern zu erhalten. Anschließend ist es dann möglich, Anforderungen an ein Computersystem zur Unterstützung der Unternehmungsleitung zu formulieren.

Wie bereits angedeutet, existiert in der betriebswirtschaftlichen Literatur ein vielfaches Verständnis über die Aufgaben einer Unternehmungsleitung[35]. Um im Ergebnis den benötigten Erkenntnisraum vollständig ausfüllen zu können, werden zwei unterschiedliche Aufgabenbeschreibungen benötigt[36]. Zum einen wird die Rollenkonzeption von MINTZBERG vorgestellt, da sie eine sehr anschauliche Darstellung der Informationsbeschaffung- und Informationsverteilungsaktivitäten in der Arbeit von Top-Managern ermöglicht. Weiterhin vermitteln die Kernaufgaben der Unternehmungsleitung von v. WERDER in einem zweiten Ansatz eine gute Übersicht über die Kompetenzen und Aufgabeninhalte der Unternehmungsleitung.

2.1.3.1 Managerrollen

Die folgenden Ausführungen orientieren sich an den von MINTZBERG durchgeführten Untersuchungen[37] über manageriale Arbeit[38]. Danach lassen sich 10 Aufgabenkategorien, die er als Rolle bezeichnet, im Manageralltag beobachten (siehe Abbildung 2). Mit dieser Idee unterscheidet er sich von den Managementfunktionskatalogen, wie sie insbesondere durch die auf FAYOL und GULICK zurückgehende POSDCORB[39] - Klassifikation zum Ausdruck kommt[40]. Kernelement der Managerrollen ist die jedem Manager aufgrund seiner hierarchischen Position zukommende, formale organisatorische Autorität, die ihn in eine Reihe unterschiedlichster, persönlicher Beziehungen versetzt und ihm gleichzeitig Zugang zu privilegierten Informationen ermöglicht.

---

[34] Vgl. KOREIMANN (1992), S. 89.
[35] Vgl. als Beispiel für viele den Aufgabenkatalog für Top-Manager bei KOREIMAN (1992), S. 27 f.
[36] Zur Rechtfertigung dieser Vorgehensweise siehe auch S. 27 f.
[37] Es handelt sich hierbei um eine empirische Untersuchung über 25 Tage bei 5 amerikanischen Top-Managern. MINTZBERG (1973).
[38] Siehe MINTZBERG (1973), S. 59 ff. und (1989), S. 10-21.
[39] Planning, Organizing, Staffing, Directing, COordinating, Reporting, Budgeting. Aus STEINMANN/SCHREYÖGG (1993), S. 8.
[40] Vgl. STEINMANN/SCHREYÖGG (1993), S. 19 f.

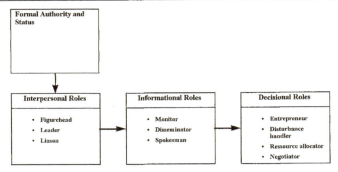

Abbildung 2: Managerrollen

Quelle: MINTZBERG (1989), S. 16.

Interpersonelle Rollen (*Interpersonal Roles*) leiten sich direkt aus der formalen Autorität von Top-Managern ab. Sie beschreiben Aufgaben der Mitarbeiterführung, der Repräsentation und der Pflege unternehmungsexterner Kontakte. Mit Hilfe dieser auf persönlichen Kontakten basierenden Rollen ist ein Top-Manager in der Lage sich neben allgemein zugänglichen, offiziellen Informationsquellen ein eigenes, informelles Informationsnetzwerk aufzubauen[41]. Privilegierte interne wie externe Kontakte haben insbesondere für Aktivitäten der Informationsbeschaffung und -verteilung eine Bedeutung. Diese werden ihrerseits als informationelle Rollen (*Informational Roles*) von Top-Managern bezeichnet. Die Inhalte der informatorischen Aktivitäten lassen sich dabei in 5 Gruppen einteilen[42]:

1. Interne Operationen.

   Auf Grundlage von regelmäßigen, formalen Analysen und Berichten erhält der Top-Manager Einblick in die Arbeit der Unternehmung. Die Realisierung dieser Funktionen ist primäre Aufgabe des Controlling[43].

2. Externe Ereignisse.

   Informationen aus der Unternehmungsumwelt erreichen den Top-Manager primär über seine persönlichen Kontakte.

3. Analysen.

---

[41] KOTTER legt dar, daß General Manager zur Verwirklichung ihrer Zielsetzungen (*Agenda*) ein Netzwerk an persönlichen Verbindungen einsetzen, welches sie durch *face to face* Methoden aufgebaut haben (*Network building*). Bestimmender Faktor für die Effektivität des General Manager ist seine Fähigkeit das eigene Netzwerk zu nutzen. Siehe KOTTER (1982), S. 160 ff.
[42] Vgl. MINTZBERG (1972), S. 94 f. und die Darstellung bei FRESE (1995), S. 528 f.
[43] Vgl. REICHMANN (1996), S. 561 f.

Eine große Anzahl analytischer Berichte zu allen die Unternehmung betreffenden Themen, wie z. B. Marktstudien, erreichen Top-Manager.

4. Ideen und Trends.

Mittels persönlicher Kontakte zu Informanten und Betriebsangehörigen, auf Konferenzen, aber auch durch die Medien, u. Ä. erfahren Top-Manager von neuen Entwicklungen aus dem relevanten Unternehmungsumfeld.

5. Erwartungen.

Eine ganze Reihe von externen Interessengruppen, z.B. Kunden, Aktionäre, Gewerkschaften, usw., haben unterschiedlichste Erwartungshaltungen gegenüber den Entscheidungen des Top-Managements[44].

Die abschließende Verarbeitung und Verwertung der Informationen, bzw. ihrer Inhalte erfolgt in den Entscheidungsprozessen des Top-Managements. Dieser originäre Teil der Arbeit von Top-Managern wird durch Entscheidungsrollen (*Decisional Roles*) beschrieben. Ihnen kommen zwar in Praxis und Literatur aufgrund ihrer bestandskritischen Funktionen für die Unternehmung eine große Bedeutung zu[45], allerdings stehen sie nicht im engeren Erkenntniskreis dieser Arbeit, da hier der Informationsbedarf und nicht die Entscheidungsprozesse der Unternehmungsleitung an sich im Vordergrund stehen. Als wichtiges Ergebnis bleibt festzuhalten, daß Informationen im Zuge ihrer Aufnahme, Verteilung und Verarbeitung jenes Schlüsselelement sind, welches die unterschiedlichen Managerrollen verbindet und sie so zu einem Ganzen zusammenfügt[46]. In diesem Sinne wird Informationen für die Arbeit von Top-Managern von MINTZBERG ein hoher Stellenwert zugesprochen.

In Abbildung 3 (siehe unten) wird dieser Gedanke nochmals verdeutlicht. Dort wird die Funktion eines Top-Managers mit der eines zentralen Informationsverarbeitungssystems der Unternehmung verglichen. Die Unternehmungsleitung fungiert sozusagen als das Nervenzentrum in dem eine große Anzahl von Informationen verschiedenster Quellen zusammenlaufen und dann im Rahmen unterschiedlicher Managerrollen ver-

---

[44] Diese Überlegung führt nahtlos in den Stakeholder - Ansatz, der die vielfältigen Gruppenbeziehungen des Managements thematisiert. STEINMANN/SCHREYÖGG (1993), S. 75 f.
[45] Vgl. zur besonderen Brisanz der Entscheidungsrollen MINTZBERG (1973), S. 77.
[46] Vgl. MINTZBERG (1973), S. 180: „*Information is the key linking element in the different work a manager does*".

teilt oder zur strategischen Entscheidungsfindung genutzt werden. Auch wenn nicht alle Informationen, die ein Top-Manager erhält, direkt von ihm genutzt werden, so sind sie doch Teil seines Informationsbedarfs, da nur er privilegierten Zugang zu ihnen besitzt. Er hat dann zu entscheiden, welche Informationen wie und welchen innerbetrieblichen Stellen bzw. externen Kontakten[47] zur Verfügung gestellt werden. Somit beeinflußt er maßgeblich die Informationsversorgung und Entscheidungen anderer Organisationsmitglieder[48]. Es wird auch deutlich, daß Kommunikation ein Kernelement der Arbeit von Top-Managern ist. In der Rolle des Sprechers (*Spokesman*) und des internen Informationsübermittlers (*Disseminator*) leitet ein Top-Manager normalerweise den Großteil seiner bezogenen Informationen direkt an ihre Empfänger weiter. Die Bedeutung dieser Funktion läßt sich auch daran absehen, daß sie insgesamt ca. 50% der Arbeitszeit eines Top-Managers ausmacht[49]. Die Informationen dienen ebenfalls als Basis für Entscheidungen der Unternehmungsleitung. Mit ihnen wird in der Rolle des *Strategy Maker* die grundsätzliche Strategie der Unternehmung definiert[50].

---

[47] Eine Verteilung von Informationen erfolgt auch nach außen. Unter Wahrung der eigenen Ziele bzw. der Ziele der Unternehmung muß ein Top-Manager im Prinzip die Informationsbedürfnisse von jedem in irgendeiner Form liierten Externen kennen und befriedigen können. So müssen z.B. Aktionäre über wichtige Unternehmungskennzahlen informiert werden, Gewerkschaften über die Personalentwicklung oder Lieferanten über Produktionsveränderungen.
[48] Die Informationsversorgung von Unternehmungseinheiten kann unterschiedlichen organisatorischen, kognitiven oder kulturellen Effekten unterliegen. Siehe hierzu den Begriff der Informationspathologien bei KIRSCH (1997), S. 54 ff.
[49] Vgl. MINTZBERG (1972), S. 93.
[50] Auf die spezielle Bedeutung von Informationen für die Entscheidungsarbeit der Unternehmungsleitung wurde auch schon auf S. 5 f. hingewiesen.

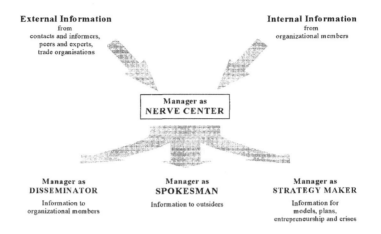

External Information
from
contacts and informers,
peers and experts,
trade organisations

Internal Information
from
organizational members

**Manager as
NERVE CENTER**

**Manager as
DISSEMINATOR**
Information to
organizational members

**Manager as
SPOKESMAN**
Information to outsiders

**Manager as
STRATEGY MAKER**
Information for
models, plans,
entrepreneurship and crises

Abbildung 3: Top-Manager als Informationsverarbeitungssystem

Quelle: MINTZBERG (1972), S. 93.

Die Darstellung der Rollen von Top-Managern hatte das Ziel, neben den Inhalten von Informationen auch deren Stellenwert für Top-Manager deutlich zu machen. Durch die nun folgenden Darstellungen sollen Charakteristika von Informationen herausgearbeitet werden, die für die tägliche Arbeit eines Top-Managers von Bedeutung sind und auf die er im Besonderen angewiesen ist. Gleichzeitig wird damit der Informationsbedarf der Unternehmungsleitung festgelegt.

Es lassen sich drei Grundeigenschaften von Informationen identifizieren, auf die Top-Manager nach MINTZBERG 's Untersuchung besonderen Wert legen[51]. Demnach hat das Top-Management Bedarf an aktuellen Informationen, die verbal kommuniziert Reaktionen auslösen[52]:

1. Aktuelle Informationen

    Die schnelle Verfügbarkeit, d. h. die Aktualität von Information ist wichtiger als deren absolute Korrektheit. Diese Feststellung erklärt sich in dem hohen Entschei-

---

[51] Vgl. für die folgenden Ausführungen MINTZBERG (1972), S. 95 f. und ebenda (1976), S. 53 ff.
[52] Diesem Informationsbedarf, so MINTZBERG einschränkend, wird ein formales Informationssystem normalerweise nicht gerecht, da es nur aggregierte, präzise und historische Informationen lie-

dungsdruck, der normalerweise auf einem Top-Manager lastet. In Entscheidungssituationen kann er oftmals aus Zeit- und Kapazitätsgründen nicht auf ausgiebige
Analysen warten, um sich seiner Sache zu vergewissern. Für den Informationsbedarf eines Top-Managers eröffnen sich hieraus zwei Perspektiven. Zum ersten
müssen Informationen schnell beschafft und auch verteilt werden können
(entsprechend den Rollen des *Disseminator* und *Spokesman*). Zweitens nehmen
weniger konkrete, d.h. spekulative und inoffizielle Informationen, z.B. Ideen und
Trends, einen wesentlichen Anteil am Informationsbedarf von Top-Managern ein.
Damit treten gleichzeitig Berichte und Analysen, auch wenn sie Top-Managern zur
Verfügung stehen oder von ihnen nachgefragt werden[53], in den Hintergrund.

2. Auslösende Informationen

In einem von Actio und Reactio geprägten unternehmerischen Umfeld stehen plan-
volles Handeln und tiefgründige Analysen im Hintergrund. Aufgabe eines Top-
Managers ist es aber, die permanente Anpassung der Unternehmung an dynamische
Unternehmungs- und Umweltparameter anhand komplexer Entscheidungstatbestände sicherzustellen und zu vollziehen. Mit dieser kleinen Gegenüberstellung
wird ein weiteres Informationsproblem deutlich: die Generierung von aussagekräf-
tigen, relevanten Informationen, damit ein Top-Manager seinen Überblick behält
und vor einer Informationsüberflutung bewahrt wird. Störungen des normalen Be-
triebsablaufs sind beispielsweise Situationen, in denen nur schnelle und präzise Informationen einen Beitrag zur Problemlösung leisten können. Die Informationen,
auf die es hierbei ankommt, sind hochverdichtet und spiegeln die unternehmungsweite, geschäftsfeldübergreifende Sichtweise der Unternehmungsleitung wieder[54].
Weitere Probleme zeichnen sich ab, wenn es darum geht, die getroffenen Entscheidungen in ihren Wirkungszusammenhängen vorherzusagen. Insbesondere auf Ebene der Unternehmungsleitung können Entscheidungen eine hohe Komplexität
annehmen, da Kosten, Erträge, eigene Ressourcen, geltende Strategien und eine
große Anzahl von Erwartungsträgern gegeneinander abgewogen werden müssen.
Ein Top-Manager ist also auch auf möglichst situationsgebundene, realitätsnahe
Entscheidungsunterstützung angewiesen.

---

fert. „*While the manager seeks trigger, speculative, current information, the formal system usually gives him aggregated, precise, historical information.*" zitiert nach MINTZBERG, (1972), S. 96.
[53] Siehe erneut die Auflistung auf S. 11.
[54] Vgl. REICHMANN (1996), S. 566.

3. Verbale Informationen

Verbale Kommunikation ist das von Top-Managern bevorzugte Medium zur Be-
schaffung von Informationen und somit zur Deckung ihres Informationsbedarfs.
Sie verwenden einen hohen Anteil ihrer Zeit auf die Pflege ihres Netzwerks von
persönlichen Kontakten[55]. Dabei werden sowohl Telefonate und informelle Treffen
als auch formelle Konferenzen und Sitzungen als Kommunikationsplattform in An-
spruch genommen. MINTZBERG's Studie zufolge verbringen Top-Manager 6%
ihrer Arbeitszeit mit Telefonaten, 59% mit geplanten Besprechungen, 10% mit un-
geplanten Besprechungen, 3% mit Besuchern und nur 22% mit Schreibtischar-
beit[56].

Mit Darstellung der Managerrollen wurde zum großen Teil der Informationsbedarf
der Unternehmungsleitung beschrieben. Es wäre allerdings voreilig, hier schon die
Vollständigkeit der Untersuchung zu unterstellen. Vielmehr werden sich mit der Analyse der Kernaufgaben der Unternehmungsleitung noch weitere Aspekte des Informationsbedarfs ergeben, die der oben vollzogene Rollenansatz verbirgt. Diese
Perspektive drängt sich alleine schon aus der vielfältigen Kritik auf, die MINTZ-
BERG's Rollenkonzeption in der Literatur erfahren hat[57]. Hauptpunkte kritischer
Darstellungen sind die den anderen Aufgaben übergeordnete Führerrolle, die nicht
vollständige Überschneidungsfreiheit einzelner Rollen und die Vernachlässigung
wichtiger Aufgaben wie z. B. der Festlegung langfristiger Unternehmungsziele[58].
Vorherrschende Perspektive in den bisherigen Erläuterungen war die handlungsorien-
tierte Frage, wie Top-Manager tatsächlich arbeiten. Der Informationsbedarf wurde
dabei auf Basis einer empirischen Untersuchung herausgearbeitet. In dem nächsten

---

[55] Vgl. erneut FN 41 auf S. 10
[56] Vgl. MINTZBERG (1973), S. 39. Eine differenzierte Untersuchung zu Kommunikationspräferen-
zen von Top-Managern wurde von MÜLLER-BÖLING/RAMME (1990), S. 113 ff. durchgeführt.
[57] Auf eine ausführlichere Diskussion der Hauptkritikpunkte wird aus Gründen des Umfangs und der
schon vielfältigen Präsenz in der Literatur verzichtet. Eine Darstellung wesentlicher Punkte findet
sich bei MÜLLER-BÖLING/RAMME (1990), S. 66 f. m. N. Siehe auch STEIN-
MANN/SCHREYÖGG (1993), S. 20.
[58] Fairerweise sei noch auf die Kritikpunkte von MINTZBERG insbesondere an funktionale Syste-
matisierungen der Arbeit von Top-Managern hingewiesen. FAYOL (1919), S. 6 ff. beispielsweise
entwickelt Planung, Organisation, Führung, Koordination und Kontrolle als Funktionen von Führungskräften. MINTZBERG (1973), S. 108, hält diese Einteilung für vollkommen ungeeignet, da sie
zwar einen ungefähren Eindruck von der Arbeit von Führungskräften vermittelt, allerdings nicht
erfaßt, was sie tatsächlich tun.

Abschnitt wird im Gegensatz hierzu der Informationsbedarfs aus den Kompetenzen und theoretischen Inhalte mangerialer Arbeit ermittelt.

2.1.3.2 Kernaufgaben der Unternehmungsleitung

Die Ausführungen orientieren sich an der bei v.WERDER[59] vorgenommenen Klassifizierung von Aufgaben der Unternehmungsleitung. Demnach läßt sich das Feld managerialen Aufgabn zunächst in Entscheidungshandlungen, Realisationshandlungen und Kontrollhandlungen differenzieren (siehe Abbildung 4). Da Informationsbedarf per Definition bei der Lösung von Entscheidungsproblemen entsteht, wird das Augenmerk auf den Entscheidungshandlungen von Top-Managern liegen[60].

---

[59] Vgl. v. WERDER (1996), S. 43-51.
[60] Zur Erinnerung: Informationsbedarf entsteht wenn Informationen zur Lösung eines Entscheidungsproblem benötigt werden. Vgl. erneut S. 6 und FN 9, S. 3.

```
┌─────────────────────────────────────────────────────┐
│        Kernaufgaben der Unternehmungsleitung          │
│  ┌──────────────────────┐  ┌──────────────────────┐   │
│  │    Entscheidungs-    │  │                      │   │
│  │     handlungen       │  │                      │   │
│  │                      │  │    Realisations-     │   │
│  │ Richtungsentscheidungen │  │     handlungen      │   │
│  │ • Zielsetzungen      │  │                      │   │
│  │ • Strategien         │  │                      │   │
│  └──────────────────────┘  └──────────────────────┘   │
└─────────────────────────────────────────────────────┘
```

Kernaufgaben der Unternehmungsleitung

Entscheidungshandlungen

Richtungsentscheidungen
- Zielsetzungen
- Strategien
  - •Geostrategie
  - •Geschäftsfeldstrategie
  - •Wettbewerbsstrategie
  - •Funktionalstrategie

Infrastrukturentscheidungen
- Strukturen
  - •Rechtsstrukturen
  - •Organisationsstrukturen
- Systeme
  - •Planungssystem
  - •Kontrollsystem

Einzelentscheidungen

Realisationshandlungen

Kontrollhandlungen

Abbildung 4: Kernaufgaben der Unternehmungsleitung

Quelle: v.WERDER (1996), S. 45.

Der Unternehmungsleitung obliegen eine Reihe von Entscheidungen[61] [62], die die Grundrichtungen aller Unternehmungsaktivitäten festlegen und für deren innerbetriebliche Umsetzung sorgen[63]. Innerhalb dieses Handlungsrahmens lassen sich Entscheidungen der Unternehmungsleitung in Richtungsentscheidungen, Infrastrukturentscheidungen und Einzelentscheidungen einteilen[64].

---

[61] Die Entscheidungskompetenzen der Unternehmungsleitung unterliegen vielfachen juristischen Vorschriften. Für die Aktiengesellschaft ist nach §76 I AktG der Vorstand eigenverantwortlich für die Geschäftsführung zuständig. Delegation von Entscheidungen unterliegt somit aktienrechtlichen Beschränkungen. Vgl. FRESE (1995), S. 523.

[62] Vgl. in diesem Zusammenhang auch den Begriff der echten Führungsentscheidung bei GUTENBERG (1976), S. 133 ff. und die empirischen Untersuchungen bei GEMÜNDEN (1983), S. 49 f.

[63] Vgl. FRESE/MENSCHING/v. WERDER (1987), S. 113; KREIKEBAUM (1989), S. 106 f.

[64] Vgl. für die folgenden Darstellungen v. WERDER (1996), S. 44 ff.

Richtungsentscheidungen bestimmen Ziele[65] und Strategien[66] der Unternehmung. Ziele verkörpern den obersten Zweck aller betrieblichen Aktivitäten und sind gleichzeitig der Grundriß für strategisches Handeln[67]. Sie beinhalten ökonomische, soziale und ethische Dimensionen entlang derer die Aufgaben und Verantwortungen des Top-Managements geregelt werden[68]. Oft werden Strategien auch mit der Schaffung, Sicherung und Nutzung unternehmerischer Erfolgsfaktoren gleichgesetzt[69]. Im betrieblichen Planungsprozeß geben Strategien eine grobe Anleitung zur Umsetzung der gesetzten Unternehmungsziele. Sie fungieren dabei als oberste Planungsebene, aus der heraus die mittel- und kurzfristigen Unternehmungsaktivitäten abgeleitet werden[70].

In der Literatur sind die Prozesse zur Formulierung von Zielen und Strategien in relativ einheitliche Phasen unterteilt werden[71]. Der Hauptteil informatorischer Arbeit liegt dabei in der Analyse[72] von Umwelt und Unternehmung sowie der Auswahl gültiger Strategien[73]. Folglich ist in diesen Bereichen schwerpunktmäßig der Informationsbedarf von Top-Managern abzuleiten. Zu dessen Herleitung soll zuerst auf die Analyse der Unternehmungsumwelt eingegangen werden. Eine hierbei normalerweise angewandte Methodik besteht zunächst in der Unterteilung der Umwelt, wie z. B. in Abbildung 5 geschehen. In diesem Fall wird in generelle Umweltfaktoren und relevante Märkte unterschieden. Aus jedem Bereich sind dann im Rahmen der Um-

---

[65] In der Literatur äquivalent benutzte Begriffe zu „Zielen" sind in diesem Zusammenhang Unternehmungskonzeption, -politik, -philosophie, Vision, Leitbild, usw.. HENZLER (1988), S. 20 ff.;
[66] Inhaltlich wird hier in vier strategische Teilgebiete differenziert. Mit der Geschäftsfeldstrategie werden unternehmungsinternen Potentialen externe Käufersegment im Rahmen sog. Produkt - Markt - Kombinationen zugeordnet. Durch die Geostrategie werden die geographische Aspekte der Unternehmungsaktivitäten entschieden, wie die räumliche Ausdehnung von Absatzmärkte oder die Wahl von Produktionsstandorten. Wettbewerbsstrategie versuchen innerhalb von Geschäftsfeldern Wettbewerbsvorteile gegenüber Konkurrenten zu generieren und diese gegenüber Kunden deutlich zu machen. Vorgaben für die operative Nutzung und Entwicklung interner Ressourcen geben die Funktionalstrategien. Siehe v. WERDER (1996), S. 44-48.
[67] Zu weiteren Funktionen von Zielen siehe BEA/HAAS (1995) S. 67 f.
[68] Die Wahrnehmung von Aufgaben und Verantwortung erfolgt nicht nur gegenüber Eigentümern und Gläubigern, sondern auch gegenüber Verbrauchern, Arbeitnehmern und der Gesellschaft allgemein. Siehe STAEHLE (1991), S. 573 ff. m. N.; HAX/MAILUF (1988), S. 63 f. sowie KIESER/KUBICEK (1992), S. 5 ff.
[69] Vgl. für viele KOREIMANN (1995), S. 119 ff.; FRESE/MENSCHING/v. WERDER (1987), S. 117.
[70] Vgl. HAHN (1992), S. 26.
[71] Vgl. HINTERHUBER (1989), S. 25 ff.; KREIKEBAUM (1989), S. 26 ff.; BEA/HAAS (1995), S. 49 f.
[72] Ob ein TM selber analytische Arbeit durchführt oder diese delegiert ist hier sekundär, da sich der Informationsbedarf nicht aus der Durchführung der Arbeit, sondern aus deren Ergebnissen ableitet.
[73] Vgl. STEINMANN/SCHREYÖGG (1993), S. 152.

weltanalyse Informationen einzuholen und auf ihre strategische Wirkung hin zu beurteilen.

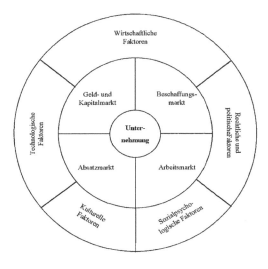

Abbildung 5: Umweltsysteme der Unternehmung

Quelle: STAEHLE (1991), S. 582.

Welchen Faktoren hierbei eine besondere Bedeutung zukommt, läßt sich aufgrund der Unstrukturiertheit strategischer Entscheidungssituationen und der daraus resultierenden unvollständigen Beschreibbarkeit der Entscheidungstatbestände im einzelnen nicht exakt im Voraus planen[74]. Um der Problematik entgegen wirken zu können, wurden eine Reihe unterschiedlich geeigneter Verfahren entwickelt, die eine Verbindung zwischen Strategie und Informationsbedarf von Top-Managern herstellen[75]. Entscheidende methodische Arbeit wurde dabei insbesondere von ROCKART[76] geleistet. Er hat die für Führungskräfte bis dato relevanten Ansätze analysiert und um die Methode der kritischen Erfolgsfaktoren (engl.: *Critical Success Factors, CSF*) erweitert[77]. Grundidee der CSF ist, daß einige wenige Umwelt- und interne Faktoren existieren, die über

---

[74] Siehe HORVATH (1994), S. 374.
[75] Vgl. TIEMEYER (1996), S. 45.
[76] Vgl. ROCKART (1979), S. 81 ff.
[77] Siehe auch FRACKMANN (1996), S. 114 ff; KREITEL (1995), S. 763.

Erfolg oder Mißerfolg der Unternehmung entscheiden[78]. Ein Faktor gilt dabei dann als erfolgskritisch, wenn er Einfluß auf den Gewinn hat oder ihm ein Einfluß unterstellt wird[79].

Werden alle erfolgskritischen Faktoren identifiziert, so ist damit gleichzeitig auch der Informationsbedarf der Unternehmungsleitung festgelegt[80]. Grundsätzlich gilt es aber zu bedenken, daß aufgrund starker Umweltdynamik potentiell jedem Umweltfaktor oder Markt eine Bedeutung für die Analyse zukommt[81]. Um die Aussagen des soeben gesagten noch deutlicher machen zu können, sei hier exemplarisch auf den Fall der Wettbewerbsstrategie eingegangen, die zu definieren Teil der Aufgaben der Unternehmungsleitung ist[82]. Mittelpunkt der Analyse für die Wettbewerbsstrategie sind die gegenwärtige und zukünftige Branchenstruktur sowie die Konkurrenzsituation[83]. In Abbildung 6 sind mögliche kritische Erfolgsfaktoren aufgezeigt, deren Ausprägungen im Unternehmungskontext zu analysieren wären und, sofern erfolgswirksam, dem Informationsbedarf der Unternehmungsleitung zuzuordnen sind.

---

[78] Vgl. ROCKART (1979), S. 85.
[79] Vgl. HORVATH (1994), S. 383.
[80] Vgl. ROCKART (1979), S. 86 f.
[81] Siehe ROSENHAGEN (1994), S. 276.
[82] Vgl. Abbildung 4 sowie FN 66.
[83] Vgl. PORTER (1985), S. 4 ff.; PORTER/MILLAR (1985), S. 149 ff.; KIESER/KUBICEK (1992), S. 366 ff.; FRESE/MENSCHING/v. WERDER (1987), S. 148 ff.

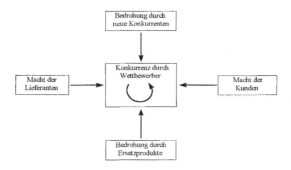

Abbildung 6: Wettbewerbskräfte

Quelle: PORTER (1985), S. 5.

Abhängig von den jeweiligen Ausprägungen einzelner Wettbewerbskräfte bestimmt sich als weitere wichtige Information auch die Rentabilität der Branche. Andere, zur Strategieformulierung notwendige Informationen bestehen in den Möglichkeiten der Unternehmung, Einfluß auf die Kräfte zu nehmen sowie deren Intensität und Dynamik zu kennen. Allgemein ausgedrückt gibt die Analyse der Unternehmungsumwelt für Top-Manager essentielle Aufschlüsse über deren Chancen und Risiken. Hierauf baut dann die interne Analyse auf, die Stärken und Schwächen der Unternehmung berücksichtigt. Sie ist genau wie die Umweltanalyse ein wichtiges Element in der informatorischen Arbeit der Unternehmungsleitung. Dabei zeigt sich, daß die hierfür benötigten Informationen, z. B. mit der CSF Methode ausgewählt, aus allen Teilen der Unternehmung zusammengetragenen werden müssen. Dementsprechend sollte die Aufbereitung und Präsentation der Informationen unter Berücksichtigung der unternehmungsweiten Perspektive der Unternehmungsleitung erfolgen. Top-Manager haben im Gegensatz zu den hierarchisch untergeordneten Entscheidungsträgern einen Bedarf an hochverdichteten, unternehmungsweit integrierten Informationen[84]. Abbildung 7 hebt mit einer Informationspyramide noch einmal die hierzu benötigte Zusammenführung der in allen Unternehmungsbereichen anfallenden Informationen

---

[84] Vgl. THIERAUF (1988), S. 9 ff.; HORVATH (1994), S. 371 und ebd. S. 613 ff.; CROCKETT (1992), S.44; REICHMANN (1996), S. 566; BECKER (1974), S. 36.

auf die Ebene der Unternehmungsleitung hervor und unterstreicht deren speziellen Informationsbedarf[85].

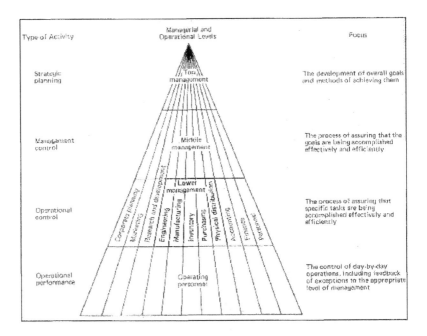

Abbildung 7: Informationspyramide

Quelle: THIERAUF (1988), S. 36.

Der Informationsbedarf von Top-Managern umfaßt für die interne Analyse der eigenen Potentiale und Ressourcen hauptsächlich Zeit-, Soll-Ist-, und Konkurrentenvergleiche[86]. Liegen dann auch Ergebnisse aus der Umweltanalyse vor, kann seitens der Unternehmungsleitung mit der Strategiewahl als letzter Kategorie von informatorischer Arbeit begonnen werden. Im Laufe der Jahre wurden zu diesem Zweck unterschiedlichste Methoden und Techniken entwickelt. Sie lassen sich in folgende Kategorien einteilen:

---

[85] An diesem Punkt treten auch deutliche Parallelen zu den schon behandelten auslösenden Informationen auf. Vgl. S. 15.
[86] Vgl. STAEHLE (1991), S. 591.

- Analytische Methoden.

  Ergebnisse dieser Methoden sind sogenannte Normstrategien, die Hilfestellungen bei der Strategieformulierung geben[87]. Wichtigste Techniken sind die Gap-Analyse, die Szenario-Technik, die Portfoliomethoden[88], die Früherkennungssysteme und die Cross-Impact-Analyse. Allgemein haben diese Methoden eine große praktische Bedeutung erlangt[89].

- Prognostische Methoden.

  Hierunter sind Trends, Indikatoren und mathematische Prognosemethoden zu verstehen.

- Heuristische Methoden.

  Die sind allgemeine Methoden der Ideenfindung wie z. B. Brainstorming oder der morphologische Kasten[90].

- Bewertende Methoden.

  Sie entsprechen klassischen Verfahren der Investitionsrechnung und Nutzwertanalyse.

- Meß- und Schätzmethoden.

  Wahrscheinlichkeitsrechnung, Parameterschätzung, Korrelationsanalyse und Clusteranalyse sybolisieren einige Beispiele für diese Methoden.

Auch wenn eine große Auswahl an methodischen Entscheidungsunterstützungen zur Verfügung steht, ist doch deren Anwendbarkeit zu relativieren[91]. Da keine Methode in der Lage ist, sämtliche relevanten Entscheidungsparameter geeignet zu berücksichtigen, können auch die Ergebnisse nur in Verbindung mit den Prämissen und Einschränkungen der Modelle betrachtet werden. Dies trifft insbesondere in komplexen, unstrukturierten Entscheidungssituationen zu, in denen sich die Unternehmungsleitung all zu oft befindet. In wie weit und welche methodischen Hilfsmittel sinnvoll genutzt werden können ist somit auch situativ bedingt. Allerdings kann von einem allgemeinen Bedarf an den Ergebnissen dieser Methoden bei der Strategiewahl ausgegangen werden.

---

[87] Zur Entwicklung dieser Techniken siehe TIMMERMANN (1988), S. 87 ff.
[88] Vgl. hierzu die ausführliche Beschreibung der Portfolio-Methodik bei HINTERHUBER (1989) S. 106 ff.
[89] Siehe für eine detaillierte Diskussion verschiedener Techniken KREIKEBAUM (1989), S. 60 ff.
[90] Vgl. SCHLICKSUPP (1988), S. 694 ff.

Mit Blick auf die Abbildung 4 (S. 18) bedarf die unternehmungsinterne Umsetzung der durch die Unternehmungsleitung beschlossenen Strategien und Ziele funktionaler Strukturen und Systeme. Die hierbei im Rahmen von Infrastrukturentscheidungen zu implementierenden Strukturen umfassen die Rechtsform und den organisatorischen Aufbau der Unternehmung. Sicher gilt, daß dieser Entscheidungstyp eine übergeordnete Rolle für die Unternehmung besitzt. Da Modifikationen der Strukturen aufgrund ihrer Tragweite und Komplexität aber nur sehr selten vorgenommen werden[92], haben sie für die tägliche Arbeit von Top-Managern zeitlich eine untergeordnete Rolle. Inhaltlich läßt sich allerdings ein kontinuierlicher Informationsbedarf aus Veränderungen im Unternehmungsrecht und Erkenntnissen der Organisationslehre und deren Umsetzung bei relevanten Konkurrenten herausarbeiten. Ähnliches gilt für das Planungs- und Kontrollsystem der Unternehmung. Auch wenn Veränderungen in den Funktionsweisen dieser Systeme nicht zum Alltagsgeschäft von Top-Manager gehören, so liegt doch die Verantwortung für deren Funktionalität bei der Unternehmungsleitung. Folglich kann ein gewisser, berechtigter und kontinuierlicher Informationsbedarf abgeleitet werden, der Aufschluß über wissenschaftliche und konkurrenzielle Entwicklungen im Vergleich zu der unternehmungseigenen Infrastruktur gibt.

Die Differenzierung von Entscheidungshandlungen erfährt ihren Abschluß durch die Einzelentscheidungen[93]. Sie stellen Probleme und Störungen dar, die sich durch das laufende, operative Tagesgeschäft ergeben, eine unternehmungsbestandskritische Bedeutung haben und nur mit einer gesamtunternehmerischen Perspektive gelöst werden können[94]. Zentrales Kennzeichen der Einzelentscheidungen ist ihre im Vergleich zu den obigen Entscheidungstypen vollkommene Unstrukturiertheit[95]. Während Richtungs- und Infrastrukturentscheidungen einen gewissen Standardisierungsgrad, d.h.

---

[91] Vgl. KREIKEBAUM (1989), S. 60.
[92] Ein jüngeres Beispiel hierfür ist die Übernahme der Leitungsfunktionen von MERCEDES-BENZ durch die Konzernmutter DAIMLER-BENZ.
[93] Vgl. hier v. WERDER (1996), S. 49 f.
[94] Siehe aus dem Katalog echter Führungsentscheidungen von GUTENBERG (1976), S. 138 ff. die „Beseitigung von Störungen im laufenden Betriebsprozeß" und „Geschäftliche Maßnahmen von außergewöhnlicher betrieblicher Bedeutsamkeit".
[95] Um Mißverständnissen vorzubeugen sei hier angemerkt, daß Richtungs- und Infrastrukturentscheidungen in keiner Weise wohlstrukturierten Problemlösungen entsprechen. Siehe für eine genauere Betrachtung unterschiedlicher Strukturiertheitsgrade von Entscheidungsprozessen FN 11 auf S. 34.

einen für den Top-Manager normierten und planbaren Entscheidungsrahmen aufweisen, ist dies bei Einzelentscheidungen im Detail nicht der Fall. Konsequenz ist, daß in Ermangelung allgemeiner Aufgabenstellungen, eine deduktive Ableitung des Informationsbedarfs nicht möglich wird[96]. Allerdings läßt sich unterstellen, daß der Informationsbedarfs in Einzelentscheidungssituationen mit dem bei Richtungsentscheidungen im Wesentlichen identisch sind. Beispielsweise sollten auch im Rahmen von Einzelentscheidungen relevante Informationen immer hinreichen verdichtet sein, um eine Informationsüberflutung zu vermeiden. Ferner kann ebenfalls für Einzelentscheidungen eine Computerunterstützung den vielfältigen Umwelt- und Unternehmungsparametern Transparenz verleihen oder erfolgversprechend die Güte von Entscheidungsprognosen verbessern.

Zum Abschluß dieses Kapitel soll noch einmal kurz auf Kontroll- und Realisationshandlungen (siehe Abbildung 4, S. 18), die bis hierher vernachlässigt wurden, eingegangen werden. Informationsbedarf entsteht, wenn zur Lösung eines Entscheidungsproblems geeignete Informationen benötigt werden[97]. Hieraus folgt, daß aus Kontroll- und Realisationshandlungen ein Informationsbedarf ableitbar ist, wenn Informationen aus diesen Handlungen Bezug zu einem Entscheidungsproblem haben. Bei Realisationshandlungen kann dies schon per definitionem nicht der Fall sein, da mit ihnen keinerlei informatorische Arbeit verbunden ist[98]. Für Kontrollhandlungen ist ein derartiger Bezug zwar gegeben, allerdings kann auch hier angenommen werden, daß sich der Informationsbedarf nicht von dem schon oben gesagten unterscheiden wird. An Kontrollinformationen sind die gleichen Eigenschaften geknüpft wie an sonstige interne oder Umweltinformationen. Da eine präzisere Untersuchung keine Erweiterung des Erkenntnisstandes bringt, soll auf sie verzichtet werden.

---

[96] Die hier dargestellten Einzelentscheidungen sind nicht deckungsgleich mit den weiter oben vorgestellten Entscheidungsrollen (*Decisional Roles*); insbesondere nicht mit der Rolle des Krisenmanagers (*Disturbance Handler*). In der Rollenkonzeption wird der Informationsbedarf in Krisen auf deren Ursachen und Lösungswege beschränkt. Hingegen umfassen Einzelentscheidungen auch Fragen der Koordination einzelner Unternehmungsbereiche oder der Besetzung von Führungspositionen. Vgl. erneut S. 15 f.
[97] S. 6.
[98] Entsprechend dem Hinweis in FN 9, S. 3.

2.2 Anforderungen an die Computerunterstützung der Unternehmungsleitung

Ziel der obigen Darstellungen war es, den managementtheoretischen Hintergrund für die nun folgende Ableitung von Anforderungen an die Computerunterstützung der Unternehmungsleitung zu beleuchten[99]. Hierbei hat sich die Auswahl von zwei unterschiedlichen Ansätzen zur Beschreibung des Informationsbedarfs bewährt, da sich der benötigte Erkenntnisraum erst in deren gemeinschaftlicher Betrachtung erschließt. Zunächst konnte mit den handlungsorientierten Managerrollen eine gute Charakterisierung des Informationsbedarfs von Top-Managern erreicht werden. Gleichzeitig wurden die vielfältigen Kommunikationswege und -methoden deutlich gemacht, die entscheidend zur Deckung des Informationsbedarfs beitragen. Bei der analytisch - funktionsorientierten Betrachtung von Kernaufgaben der Unternehmungsleitung standen im Gegenzug primär analytische und methodische Hilfsmittel für Entscheidungshandlungen im Vordergrund. Die Ergebnisse lassen sich wie folgt zusammenfassen:

Wie an anderer Stelle bereits festgestellt wurde ist es für die Analyse des Informationsbedarfs notwendig, diejenigen Informationen, ihre Quellen und ihre Eigenschaften, zu kennen, die ein Top-Manager zur Erfüllung seiner Aufgaben benötigt[100]. Im Verlaufe der obigen Untersuchung hat sich daraufhin gezeigt, daß für die Unternehmungsleitung relevante Informationen sowohl aus den Aktivitäten der Unternehmung (Abbildung 7, S. 23) als auch aus deren Umweltsystemen (Abbildung 5, S. 20) entstammen[101]. Zur Informationsbeschaffung aus den beiden Bereichen nutzen Top-Manager bevorzugt persönliche Kontakte, die ihnen Zugang zu priviligierten Informationen verschaffen[102]. Die Informationen haben dann in Gestalt von unsicheren Spekulation, Ideen, Trends oder Erwartungen meist qualitative, aktuelle und verbale Eigenschaften. Dem gegenüber stehen formale Informationsquellen, wie regelmäßige Unternehmungsberichte und Umweltanalysen, die üblicherweise durch das Controlling oder von Analysten erstellt werden[103]. Einschränkend ist aber festzustellen, daß ihnen seitens der Top-Manager in Entscheidungsprozessen weniger Beachtung geschenkt

---

[99] Vgl. erneut S. 3.
[100] Siehe S. 5.
[101] Sowohl auf S. 11 als auch S. 19.
[102] Vgl. FN 41 auf S. 10.
[103] Vgl. HORVATH (1994), S. 604 ff.

wird[104]. Bezüglich der relevanten Informationsinhalte läßt sich mit Hilfe der obigen Untersuchung grundsätzlich nur feststellen, daß Informationen in jedem Fall der unternehmungsweiten, integrativen Sichtweise der Unternehmungsleitung Rechnung tragen müssen[105]. Um aber den situativen Unternehmungsparametern Rechnung tragen zu können, werden für die Selektion von unternehmungsindividuellen Informationen ergänzende Techniken, insbesondere die CSF Methode angewandt[106]. Zu beachten bleibt aber, daß die Informationen einen inhaltlich verdichteten, entscheidungsauslösenden Charakter haben sollten, um somit die Informationsüberflutung von Top-Managern zu vermeiden. Ein weiterer Schwerpunkt der obigen Untersuchung waren die in die informatorische Arbeit stets integrierten Aktivitäten der Kommunikation. Aufgrund ihrer Autorität haben Top-Manager, wie schon erwähnt, neben offiziellen Informationsquellen auch ein persönliches Netzwerk, aus dem privilegierte, entscheidungsrelevate Informationen abrufbar sind. Diese werden von den Top-Managern bevorzugt in Entscheidungsprozessen genutzt oder in den Rollen eines Sprechers und Informationsübermittlers unternehmungsintern wie -extern verteilt (siehe Abbildung 3, S. 14). Für die strategische Entscheidungsfindung haben sich eine Reihe unterschiedlichster analytischer Methoden und Modelle entwickelt[107]. Diese unterstützen Top-Manager in der Strategiewahl, indem sie unter Berücksichtigung der vielfältigen internen und externen Beziehungen, in denen sich eine Unternehmung befindet, gültige Analysen und Entscheidungshilfen geben. Die Nachfrage an derlei Unterstützungsinstrumenten wird dabei meist unregelmäßig und ad hoc artikuliert.

Unter Rückgriff auf die soeben vorgenommene Zusammenfassung können Anforderungen an die Computerunterstützung der Unternehmungsleitung abgeleitet werden. In Übereinstimmung mit dem hier verfolgten Ansatz werden dabei Anforderungen unter der Prämisse formuliert, daß jede Form der technologischen Unterstützung einen positiven Beitrag zur Wahrnehmung der Aufgaben der Unternehmungsleitung leistet[108]. Um die Aussagen besser strukturieren zu können, wird hier eine Differenzierung der Computerunterstützung von Top-Managern in Informationsunterstützung

---

[104] Siehe MINTZBERG (1972), S. 93.
[105] FN 54 (S. 15).
[106] Siehe S. 20.
[107] Erneut S. 24.
[108] Vgl. den Untersuchungsansatz S. 1.

und Kommunikationsunterstützung vorgeschlagen (siehe Abbildung 8). Dies geschieht vornehmlich in Analogie zu den Schwerpunkten Information und Kommunikation, so wie sie sich in der bisherigen Untersuchung herauskristallisiert haben. Mittragende gedankliche Säule dieser Differenzierung ist auch die heute verfügbare Technologie, welche aufgrund wesentlicher Funktionalitätsunterschiede allgemein in Informations- und Kommunikationstechnik eingeteilt wird[109]. So ergeben sich zwei Anforderungs- profile. Hierbei beziehen sich Anforderungen im Rahmen der Informationsunterstüt- zung auf die für Entscheidungsprozesse wichtigen Informationseigenschaften sowie auf die methodische und analytische Entscheidungsunterstützung. Thematik der Kommunikationsunterstützung von Top-Managern ist primär die Nutzung und Pflege des Netzwerkes aus formalen und persönlichen Kontakten[110].

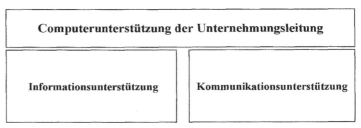

Abbildung 8: Computerunterstützung der Unternehmungsleitung

Quelle: eigene Darstellung

2.2.1 Informationsunterstützung

Informationsunterstützung beinhaltet die Unterstützung von Top-Managern bei ihrer informatorischen Arbeit im Rahmen von strategischen Entscheidungen mittels Infor- mationstechnologie. Mit der vorangestellten Zusammenfassung führt diese Definition nun zu Anforderungen an die Computerunterstützung der Unternehmungsleitung. Zuerst muß von der Technologie gefordert werden, auch verbale, unsichere und qua- litative Informationen verarbeiten zu können, da sie einen wesentlichen Teil des In-

---

[109] Vgl. KIESER/KUBICEK (1992), S. 349 f.
[110] Anmerkung: Es sei nochmals betont, daß zweifellos in der unternehmerischen Realität Informati- on und Kommunikation unwidersprochen einander bedingen. Es gibt aber schon per definitionem Anlaß die in Abbildung 8 aufgezeigte Differenzierung aufrecht zu erhalten. Der Begriff „Information" leitet sich vom Lateinischen *informare*, zu deutsch belehren ab. Hingegen beschreibt Kommunikation das Mitteilen von Informationen zwischen Personen. Vgl. STAERKE (1989), S. 153 f.

formationsbedarfs der Unternehmungsleitung ausmachen. Auch wenn diese Art der Informationen ein nicht binäres Format hat und somit in einer numerischen Rechenmaschine nur unter Umwegen kalkuliert werden kann, sind die bereits eingehend diskutierten Spekulationen, Trends und Ähnliches unverzichtbares Element für die Arbeit von Top-Managern. Demzufolge müssen neben Zahlen oder anderem formal - quantitativen Material auch Inhalte von persönlichen Gesprächen, Besprechungen oder sonstigen externen oder internen Kontakten Teil des Informationssystems werden, welches Top-Manager unterstützen soll. Hierauf aufbauend ergibt sich eine zweite Anforderung bezüglich der Präsentation von Informationen auf den Endgeräten der Computersysteme. Auswahl und Aufbereitung von inhaltlich hochverdichteten Informationen haben entsprechend der unternehmungsweiten, integrativen Sichtweise der Unternehmungsleitung die Informationsüberflutung von Top-Managern zu vermeiden. Das System muß folglich in der Lage sein, entscheidungsauslösende Informationen, egal ob betrieblicher oder externer Herkunft, durch eine integrative Datensicht zur Verfügung zu stellen. Die Informationen sollten hierbei aussagekräftig, d. h. in der Regel graphisch dargestellt einen Top-Manager bei der Informationssuche wirkungsvoll entlasten. Die finale informationsbezogene Anforderung bezieht sich auf die Unterstützung von Strategieentscheidungen. Hierbei benötigen Top-Manager Ergebnisse und Handlungsempfehlungen aus analytischen Methoden und Modellen, welche sich möglichst antizipativ und situationsgebunden auf unterschiedliche Entscheidungstatbestände einstellen können, d.h. in Abhängigkeit von dem Entscheidungsproblem ad hoc unterschiedliche Datensichten generieren sollten. Dabei sind stets neben internen auch externen Quellen, z.B. Datenbanken zu erschließen.

2.2.2 Kommunikationsunterstützung

Die Kommunikationsunterstützung ist das zweite Kernelement der Computerunterstützung für die Unternehmungsleitung. Im Mittelpunkt stehen dabei eine große Anzahl unternehmungsinterner wie -externer Personen und Institutionen, die aus unterschiedlichsten Motiven betrieblicher Informationen bedürfen. Zum Ersten sollten die Computersysteme Top-Managern helfen ihren vielfältigen informatorischen Verpflichtungen nachzukommen, um somit die Nutzung und Pflege ihres Netzwerkes aus Kontakten zu verbessern. Zu einer Unterstützung der Kommunikation kommt es dabei, wenn das System eine vereinfachte und weitgehend automatisierte Verteilung von

Informationen ermöglicht, wobei aber gleichzeitig auch die stetige Kontrolle und Ein-
flußnahme auf die kommunizierten Informationsinhalte gewährleistet sein muß. Zum
Zweiten muß das System einen permanenten Zugang zu Informationen realisieren,
damit Top-Manager schnell und flexibel auf die Dynamik der Märkte und der Konkurrenten reagieren und einwirken können. Technologisch schließt dies die Nutzung moderner Kommunikationstechnik wie Mobilfunk, e-mail, Videokonferenzen, usw.
ein[111].

---

[111] Eine Übersicht einzelner Systeme findet sich bei MÜLLER-BÖLING/RAMME (1990), S. 20 ff.
sowie STAERKE (1989), S. 154 ff.

3 Potentiale der Computerunterstützung für die Unternehmungsleitung auf Basis eines Data Warehouse

Im zweiten Kapitel der vorliegenden Arbeit wurden Anforderungen an die Computerunterstützung der Unternehmungsleitung konzeptionell fundiert und anschließend formuliert. Da gerade die Computertechnologie einem sich permanent beschleunigenden Alterungsprozeß unterliegt, war die Herleitung von Anforderungen technologieunabhängig zu gestalten. Ziel der Ausführungen in diesem Kapitel ist es nun, Unterstützungspotentiale von Data Warehouse zu identifizieren, um diese anschließend einer bewertenden Standortbestimmung in Bezug auf die Anforderungen aus Sicht von Top-Managern zu unterziehen. Zur Förderung eines besseren Verständnisses für den hier vorliegenden Problemgehalt ist es zunächst angebracht, die historischen Entwicklungspfade computergestützter Managementunterstützung darzulegen und mit Blick auf die Unternehmungsleitung zu kommentieren. Hierdurch werden erste Einblicke in die technologischen und konzeptionellen Kernprobleme gewährt, deren Bewältigungsversuche zu sehr unterschiedlichen Erfolgsgeschichten moderner Informationstechnologie führten. Um den weiteren Ausführungen einen aktuellen, technologischen Rahmen zu geben, wird exemplarisch die Konzeption Data Warehouse vorgestellt und an ihr die wesentlichen Ergebnisse dieser Arbeit abgeleitet. Die Wahl von Data Warehouse als Untersuchungsgegenstand begründete sich in der in jüngerer Zeit stark angestiegenen Etablierung dieser Konzeption sowohl in den Unternehmungen wie auch auf der Anbieterseite[1].

3.1 Existente Konzeptionen computergestützter Managementunterstützung

In diesem Abschnitt werden die wesentlichen Entwicklungsstufen auf dem Gebiet der Computerunterstützung für das Management vorgestellt und chronologisch nachgezeichnet. Anschließend sollen Problempunkte und Schwächen der Systeme in Bezug auf deren praktischen Nutzen für die Unternehmungsleitung aufgezeigt werden. Die

---

[1] Eine aktuelle Liste von Data Warehouse Komponenten inklusive Anbieter findet sich bei DARLING (1996), S. 44 f.

Erläuterungen dienen der Vorbereitung eines besseren Verständnisses für die Data Warehouse Konzeption. Auf eine detaillierte technische Darstellung wird dabei aus Gründen des Umfanges und der Klarheit der Argumentation bewußt verzichtet.

3.1.1 Chronologische Übersicht

Die Computerunterstützung des Top-Managements läßt sich drei chronologisch aufeinanderfolgenden Entwicklungsstufen zuordnen[2]. Während der 60er Jahre wurden in den USA Management - Informationssyteme (MIS) entworfen. In den 70er Jahren wurden diese Systeme zu den Entscheidungsunterstützungssystemen, EUS (engl.: *Decision Support Systems, DSS*)[3] weiterentwickelt. Auf der bisher letzten Entwicklungsstufe sind seit den 80er Jahren speziell für den Markt der Computerunterstützung von Top-Managern die Führungsinformationssysteme, FIS (engl.: *Executive Information System, EIS*) konzipiert worden. Die unterschiedlichen Einsatzdimensionen und Architekturen dieser Systeme werden in Abbildung 9 wie folgt gegliedert:

Systemumfang / Einsatzdimension	Totalsystem	Partialsystem
Substitution menschl. Arbeitskraft	MIS	
Unterstützung menschl. Arbeitskraft	EIS	DSS

Abbildung 9: Übersicht der Computerunterstützung für das Management

Quelle: in Anlehnung an BEA/HAAS (1995), S. 335.

Die MIS haben den unternehmungsweiten Einsatz von Computern in sämtlichen Managementfunktionen zum Ziel[4] (engl.: *Total system approach*)[5]. In einem hochintegrierten Totalsystem sollen Informationen über sämtliche Unternehmungsaktivitäten

---

[2] Vgl. BEA/HAAS (1995), S. 328-332.
[3] Siehe KRCMAR (1990), S. 405.
[4] Vgl. BEA/HAAS (1995), S. 328.
[5] Siehe auch MERTENS/GRIESE (1988), S. 273.

und Organisationseinheiten erfaßt werden und für Managementzwecke zur Verfügung stehen. Mit einem MIS sollte ebenfalls die weitreichende Automatisierung der managerialen Entscheidungsfindung verwirklicht werden[6]. Intention der MIS war es sogar, Teile der Führungsarbeit von Top-Managern durch Einsatz von Computern zu substituieren. Dieser Ansatz wurde mit den von KEEN und SCOTT MORTON begrifflich geprägten DSS umgekehrt. Ziel dieser Softwaresysteme ist die Unterstützung managerialer Entscheidungsfindung[7] und nicht wie beim MIS die Substitution von Managern[8]. DSS sind zu verstehen als spezialisierte Systeme, deren Anwendung sich auf eng umgrenzte Partialaufgaben limitiert[9]. Ein Endanwender ist also in Entscheidungssituationen meist auf die Nutzung mehrerer DSS angewiesen. Die Entwicklung und Architektur von DSS[10] wurde insbesondere für folgende Funktionen vorangetrieben: Entscheidungsunterstützung unterschiedlicher Managementebenen, Unterstützung sowohl von strukturierten als auch von unstrukturierten Entscheidungen[11], Unterstützung sämtlicher Phasen von Entscheidungsprozessen, d.h. von der Situationsanalyse bis zur Entscheidungskontrolle, Unterstützung von Kommunikation und Gruppenarbeit sowie Adaptabilität und Anwenderfreundlichkeit der Systemkomponenten[12]. Dieser sehr umfangreiche und technologisch anspruchsvolle Katalog wurde von den Führungsinformationssystemen um die Aufgaben der Informationsbereitstellung für Entscheidungsträger im strategischen Management erweitert[13]. Dementsprechend definierten ROCKART und TREACY die EIS als Systeme zur Informationsversorgung der strategischen Führungsebene[14]. Das Hauptanliegen des EIS liegt hierbei in der zeitgerechten Bereitstellung von führungsrelevanten Informationen. Zur technologischen Umsetzung dieses Anspruches werden Daten aus den

---

[6] Kritisch hierzu GORRY/SCOTT MORTON (1971), S. 57 ff.
[7] Vgl. KEEN/SCOTT MORTON (1978), S. 1
[8] Vgl. BEA/HAAS (1995), S. 330
[9] Vgl. KRALLMAN/RIEGER (1987), S. 29.
[10] Kernelemente des DSS sind eine Datenbasis, welche den Bedarf an Rohdaten für Entscheidungen abdecken soll, und eine Modell- und Methodenbank, die Verfahren zur Auswertung der Daten bereitstellt. Die Verbindung dieser Komponenten mit dem Systemnutzer erfolgt über eine Ablaufsteuerung. Siehe hierzu KRCMAR (1990), S. 408 ff.
[11] Die Strukturiertheit einer Entscheidung steht in zweierlei Abhängigkeiten. Zuerst wird sie von der Determiniertheit des Entscheidungsproblems bestimmt. d. h. es müssen eine Zielfunktion und Anfangs- bzw. Randbedingungen bekannt sei. Zweites Kriterium ist die Strukturiertheit des Entscheidungsprozesses, d.h. es müssen Entscheidungsalgorithmen existieren. Vgl. WITTE (1992), Sp. 555 ff.
[12] Siehe KRCMAR (1990), S. 406 f.
[13] Vgl. BEA/HAAS (1995), S. 327.
[14] Vgl. ROCKART/TREACY (1980), S. 17 ff.

unternehmungsinternen Computersystemen und soweit verfügbar auch aus unternehmungsexternen Quellen integriert und zu Führungsinformationen aufgewertet[15]. Damit soll EIS auch der Durchlässigkeit und Transparenz der betrieblichen Informationen zuträglich sein[16]. In Abgrenzung zu den MIS werden die gewonnenen Informationen aber nicht in automatisierte Entscheidungen umgesetzt, sondern sie unterstützen die individuellen Analyse-, Entscheidungs- und Überwachungstätigkeiten von Top-Managern[17]. In Erweiterung der reinen Informationsbereitstellung von EIS wurde von ROCKART und DE LONG der Begriff *Executive Support System, ESS* eingeführt[18]. Ein ESS stellt demnach eine Kombination von EIS und DSS dar, in der sowohl die Informationsbeschaffungsfunktionen eines EIS als auch die Entscheidungsunterstützungsfunktionen eines DSS enthalten sind.

3.1.2 Bewertung und Relevanzaussagen für die Unternehmungsleitung

Die praktischen Erfahrungen mit den soeben umrissenen Systemen haben eine große Anzahl von Kritikpunkten an deren Funktionsweise und Eignung für Top-Manager hervorgebracht. Allgemein wird der MIS - Ansatz heute sogar als gescheitert betrachtet[19]. Trotz des enormen Fortschritts, der im Bereich der Informations- und Kommunikationstechnologie gemacht wurde[20], konnte nur eine bisher unbefriedigende und unvollständige Deckung des Informationsbedarfs der Unternehmungsleitung erreicht werden. Die Gründe für den geringen Erfolg der Computersysteme liegen in den Eigenschaften der Informationen, die sie zur Verfügung stellen. Die Informationen sind durch ihre zu späte Verfügbarkeit, ihren zu hohen Detaillierungsgrad, ihren quantitativen Umfang, ihre Fokussierung auf historische und quantitative Daten und ihre mangelhaft definierte und inkonsistente Datenstruktur gekennzeichnet[21]. Ein kurzer Rückgriff auf die in dieser Arbeit bereits formulierten Anforderungen an eine Computerunterstützung von Top-Managern[22] genügt, um bestätigen zu können, daß

---

[15] Vgl. TIEMEYER (1996), S. 43 ff.
[16] Siehe FRACKMANN (1996), S. 279 ff.
[17] Vgl. ROCKART/TREACY (1982), S. 83 ff.
[18] Vgl. ROCKART/DE LONG (1988), S. 98.
[19] Vgl. BEA/HAAS (1995), S. 329.
[20] Vgl. FRESE (1995), S. 19; PORTER/MILLAR (1985), S. 152; JONSCHER (1994), S. 14 ff.
[21] Vgl. HORVATH (1994), S. 378.
[22] Siehe erneut Kapitel 2.2.

die bisherigen Ansätze dem Informationsbedarf von Top-Managern nur ungenügend gerecht werden. So sind schnelle und aktuelle Informationen unverzichtbar, um z. B. auf unerwartete Störungen im betrieblichen Ablauf reagieren zu können. Kommen sie zu spät, werden sie wie das System, welches sie liefert, nutzlos. Zu viele Informationen mit zu hohe Detailierungrad verursachen eine Informationsüberflutung[23], d.h. eine für den Informationsbedarf der Top-Manager unangemessenen Quantität an Informationen[24]. Es besteht die Gefahr, daß die von einem Computersystem generierten Informationen seitens der Top-Manager nicht mehr beachtet werden und somit aus den unternehmerischen Entscheidungsprozessen herausfallen. Eine ähnliche Gefahr besteht, wenn nur historische und quantitative Daten für Entscheidungen zur Verfügung stehen, obwohl gerade die unsicheren, externen und qualitativen Informationen, die ein Top-Manager aus seinem Netzwerk an Kontakten bezieht, einen Großteil seines Informationsbedarfs ausmachen. Auch ist die fehlende Integration der Informationen durch eine inkonsistente Datenstruktur für Top-Manager problematisch, da hierdurch keine computergestützte, bereichs- oder funktionsübergreifende Analyse und Entscheidungsunterstützung realisierbar ist. Zusätzlich zu den genannten Faktoren ist auch die häufig geringe Akzeptanz[25] von Computersystemen bei den Top-Managern einer Einbindung in die tägliche Arbeitsroutine abträglich. Empirisch nachgewiesene Haupthindernisse sind dabei das reservierte oder ablehnende Verhalten von Top-Managern aus Prestige-, Qualifikations- oder Altersgründen sowie die unzureichende Ergonomie der Mensch - Computer - Schnittstelle[26], insbesondere durch die Anwenderunfreundlichkeit der Systeme[27].

Schon bei der oberflächlichen Analyse der Computerunterstützungen wurden erhebliche Diskrepanzen zwischen dem Informationsbedarf von Top-Managern und den Möglichkeiten dieser Systeme deutlich. Fraglich ist nun ob durch die Entwicklung der Data Warehouse Konzeption eine signifikante Verbesserung dieser Lage erreicht wer-

---

[23] Vgl. auch KREITEL (1995), S. 759 f.
[24] Hierzu auch CROCKETT (1992), S. 39 ff.
[25] Siehe hierzu das zweidimensionale Akzeptanzmodel bei MÜLLER-BÖLING/RAMME (1990), S. 143 ff. sowie die Akzeptanzdefinition bei WIENDIECK (1992), Sp. 91.
[26] Hierzu LUCZAK (1993), S.483 ff.
[27] Vgl. WIENDIECK (1992), Sp. 96. Siehe auch die Ergebnisübersicht der empirischen Untersuchung von MÜLLER-BÖLING/RAMME (1990), S. 191-195; MÜLLER-BÖLING (1989), S.23 ff.; STREICHER (1989), S. 40 f.

den kann. Einen sachlichen Beitrag zur Klärung dieser Frage sollen nun die folgenden Kapitel leisten.

3.2   Konzeption des Data Warehouse

Schwerpunkt dieses Kapitels sind die informationstheoretischen Grundlagen eines Data Warehouse[28]. Zur Einführung wird zunächst dessen Prinzip vorgestellt und mit einigen Randinformationen ergänzt, wodurch ein ausreichendes Verständnis für die Unterstützungspotentiale von Data Warehouse aufgebaut werden soll. Die Argumente werden dabei auch weiterhin nicht von technologischen Aspekten dominiert.

3.2.1 Vorbereitung und Prinzip

Erste Teilaspekte von Data Warehouse existieren seit Mitte der 70er Jahre. Eine geschlossene informationstheoretische Konzeption wurde aber erst ab 1990 von INMON[29] formuliert, die im weiteren Verlauf der Untersuchung das theoretische Analysefundament bildet, an dem die wesentlichen Vorteile eines Data Warehouse für Top-Manager in Gestalt von Unterstützungspotentialen herausgearbeitet werden[30]. Zur Vorbereitung der folgenden Abschnitte wird in Abbildung 10 (siehe unten) zunächst nur das Prinzip eines Data Warehouse vorgestellt[31]. Ein Data Warehouse ist demnach ein integriertes Computersystem, da in ihm Daten quellen- und datenformatunabhängig zusammengeführt werden. Zusätzlich nimmt es an den Daten Verarbeitungsschritte vor, die diese in betriebswirtschaftlich geeignete Formate umwandelt. Die möglichst zu entscheidungsrelevanten Informationen aufgearbeiteten Daten bleiben dann in einer speziellen Datenbank gespeichert[32]. Im Endeffekt sollen die Daten damit von betriebswirtschaftlichen Anwendungen, z. B. EIS oder DSS gezielt abrufbar sein oder für weitere, analytische Verarbeitungsschritte jederzeit und ad hoc bereit stehen. Aus technologischer Perspektive wird mit dem Data Warehouse eine redun-

---

[28] In einigen Literaturquellen wird für Data Warehouse synonym auch der Begriff *Information Warehouse* benutzt.
[29] Vgl. INMON (1993), S. 3 ff.
[30] Hierzu näher Kapitel 3.3 auf S. 46 ff.
[31] Diese Vorgehensweise soll dem besseren Verständnis der weiteren Untersuchung dienen.
[32] Siehe TIEMEYER (1996), S. 45 f.; siehe auch S. 42 f dieser Arbeit.

dante Datenspeicherung realisiert, die von den administrativen und operativen Systemen getrennt ist [33].

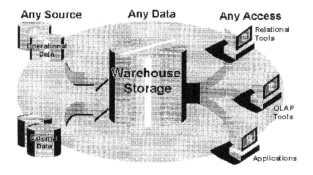

Abbildung 10: Prinzip eines Data Warehouse

Quelle: *Oracle Corporation*

Die erste industrielle Data Warehouse Architektur entwickelte die *IBM Corporation* unter dem Namen *EBIS*[34]. Seine Hauptfunktionen waren ein schneller Zugriff auf betriebliche und externe Informationen und ein automatisierter Berichtsservice. Manager sollten damit die Fähigkeit erlangen, nicht nur ad hoc aktuelle Informationen nachfragen zu können. Sie sollten auch durch das System und seine Benutzeroberfläche mit bedarfsgerechter Sichtung der vorhandenen Daten und Analysen versorgt werden[35]. Die *IBM Corporation* begründete mit *EBIS* den Einstieg der Softwareindustrie in diese Technologie und eröffnete einen seither stark expandierenden Markt. Aktuell wird ein weltweit prognostiziertes Umsatzvolumen für 1997 von US$ 9 Milliarden vorausgesagt[36]. Hauptanbieter auf dem Markt für Data Warehouse Komponenten sind die großen Datenbankhersteller *Oracle, IBM* und *Software AG*. Ein Großteil der Profite wird aber nicht von den Komponenten, sondern durch Beratungsleistungen erwirtschaftet[37].

---

[33] Vgl. MERTENS/GRIESE (1988), S. 44.
[34] Vgl. DEVLIN/MURPHY (1988), S.66; MERTENS/GRIESE (1988), S. 44
[35] Vgl. DEVLIN/MURPHY (1988), S.62 ff.
[36] Vgl. o.V. (1996), S. 23.
[37] Vgl. o.V. (1996), S. 26.

3.2.2 Informationstheoretische Konzeption eines Data Warehouse

Zur genaueren Darlegung der Funktionsweise eines Data Warehouse und dessen informationstheoretischen Hintergrund ist es notwendig, das in Abbildung 10 skizzierte Prinzip zu vertiefen. Zunächst wird eingehender die Architektur betrachtet, um weiter unten auf die Funktionen und Potentiale eines Data Warehouse eingehen zu können.

Kern des Data Warehouse ist seine informative Datenbank (siehe Abbildung 11, S. 41), die aus zwei Quellen versorgt wird:

      1.) Daten aus den unternehmungsweit existierenden, operativen Computersystemen

      2.) Externe Daten.

Mit dem Einladen der Daten in die Datenbank des Data Warehouse werden einige als Datenveredlung bezeichnete (engl. *Data staging*) Verarbeitungsschritte vorgenommen. Im Veredelungsprozeß werden Inkonsistenzen in der Syntax und der Semanitk beseitigt. Dies ist zwingend notwendig, um die Daten, die aus unterschiedlichen Herkunftssystemen stammen, später miteinander verarbeiten zu können. Zur Vorbereitung für spätere Abfragen und Analysen werden dann zusätzliche Rechenoperationen, wie z. B. Bildung von Summen und Berechnungsgrundlagen oder Aggregation durchgeführt[38]. Dies ist wichtig, damit die Daten schon in einem auf betriebswirtschaftliche Anwendungen optimierten Format vorliegen und somit die Performanz des Data Warehouse bezüglich Zugriffszeit und Verarbeitungsgeschwindigkeit gewährleistet werden kann[39]. Es sei noch angemerkt, daß die Data Warehouse Datenbank nicht zwingend aus einer zentralen Hardware besteht[40]. Vielmehr kann die Datenbank insbesondere in dezentralen Netzwerken[41] auf viele kleinere Systeme verteilt werden. In

---

[38] Vgl. HEINRICH/HOFMANN (1996), S. 22.

[39] Siehe auch TIEMEYER (1996), S. 56.

[40] In vielen Unternehmungen ist die Datenverarbeitung zentral organisiert, ein Data Warehouse gliedert sich daher meist in die bestehende Strukturen ein. Vgl. INMON (1993), S. 139.

[41] Die derzeit modernsten Netzwerke sind die Client / Server Umgebungen. Als deren Charakteristika gelten: Aufgeteilte Computerrechenleistung, Netzwerkarchitektur, Benutzerfreundlichkeit. Die meisten Data Warehouse Produkte werden heute auf Basis dieser Technologie implementiert. Näher hierzu BEYER et al. (1994), S. 28 ff. und GÖTZER (1993), S. 441. Zur Bedeutung von Client/Server Architekturen in Großunternehmen sei auf die Untersuchung von JACCOTTET (1995) verwiesen. Eine Verbindung zum Data Warehouse stellen TIEMEYER (1996), S. 54 f. und MUCKSCH/HOLTHIUS/REISER (1996), S. 431 her.

diesem Fall spricht man aus Anwendersicht von einem „virtuellen" Data Warehouse[42].

Eine weitere Alternative zum zentralen Data Warehouse sind sog. *Data marts*. Hier-

bei handelt es sich um ein kleineres Data Warehouse, welches speziell auf seinen An-

wender zugeschnitten und konfiguriert wurde. Beispielsweise könnte für Top-

Manager eine eigene *Data mart* eingerichtet werden, da sich ihr Informationsbedarf

von dem anderer Organisationseinheiten signifikant unterscheidet. Ziel dieser Archi-

tektur ist es das Gesamtsystem zu entlasten. Das Repository als zweites Element eines

Data Warehouse beinhaltet Metadaten, d.h. Daten über die Struktur und Funktions-

weise des Data Warehouse. Es definiert bindend für alle operativen und externen Sy-

steme den Datenaustausch, -konvertierung, -verarbeitung, sowie teilweise deren

informationstechnische Funktionen. Das Repository kann auch gestalterischen Einfluß

auf die Abläufe in der Unternehmung nehmen, da mit der Definition von Datenflüssen

in die Unternehmungsaktivitäten eingegriffen werden kann[43]. Denkbar wäre dies

hauptsächlich im operativen Bereich, indem z. B. betriebliche Prozesse definiert wer-

den, nur um die einheitlichen Datenstrukturen zu wahren.

---

[42] Praxisbeispiel bei APPLETON (1996), S. 34 ff.
[43] Vgl. HACKATHORN (1995), S. 42; KIESER/KUBICEK (1992), S.351.

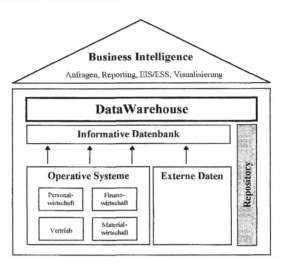

Abbildung 11: Konzeption eines Data Warehouse

Quelle: in Anlehnung an HEINRICH/HOFMANN (1996), S. 21

Wie soeben gezeigt, bewirkte ein Data Warehouse die Abtrennung des betriebswirtschaftlichen Datenbestandes von den operativen Systemen bei gleichzeitiger Verede-
lung dieser Daten. Die technologischen Vorteile der Datentrennung betreffen
hauptsächlich die verbesserte Stabilität und Performanz der Computersysteme[44]. Aus
Sicht der Top-Manager bestehen im Gegensatz hierzu die Potentiale eines Data Warehouse in der durch die informative Datenbank ermöglichten, speziellen Datenhaltung. Diese für die Untersuchung wichtige Feststellung bedarf an dieser Stelle noch
einiger vertiefender Erläuterungen. Zunächst soll mit Abbildung 12 ein oberflächlicher
Eindruck entstehen von den fundamentalen Differenzen zwischen einer in operativen
Systemen zu findenden Datenbank und einer informativen Datenbank, so wie sie im
Data Warehouse implementiert ist. Entscheidend für die vorliegende Untersuchung
sind allerdings nicht die eigentlichen Datenbanksysteme, sondern vielmehr die Art wie
Daten in ihnen gehalten, d. h. gespeichert werden. Eine informative Datenbank sollte
hier deshalb nur als technologische Voraussetzung für die nun folgenden ausführlichen
Erläuterungen zur Datenhaltung verstanden werden.

---

[44] Vgl. MERTENS/GRIESE (1988), S. 42.

Charakteristika	OPERATIVE Datenbank	INFORMATIVE Datenbank
Transaktionsvolumen	hohes Volumen	niedriges bis mittleres Volumen
Antwortzeit	sehr schnell	normal
Update	hohe Frequenz, permanent	niedrige Frequenz
Betrachtungsperiode	aktuelle Periode	Vergangenheit bis Zukunft
Umfang	anwendungsintern	anwendungsübergreifend
Aktivitäten	operativ, detailliert	analytisch, taktisch
Abfragen	vorhersehbar, periodisch	unvorhersehbar, ad hoc
Niveau der Daten	detailliert	aggregiert, aufbereitet
Verarbeitungseinheit	Datensatz, eindimensional	Matrizen, mehrdimensional, sachbezogen

Abbildung 12: Charakteristika operativer und informativer Datenbanken

Quelle: SCHEER (1996), S. 75.

Durch die informative Datenbank mit seinen in Abbildung 12 aufgezeigten Charakteristika wird eine dem Data Warehouse typische Datenhaltung ermöglicht, an der in Kapitel 3.3 Unterstützungspotenitale für die Unternehmungsleitung konzeptionell festgemacht werden[45]. INMON hat die dem Data Warehouse typische Datenhaltung folgendermaßen strukturiert[46]:

1. Themenorientiert

Operative Daten sind nach Geschäftsprozessen, z. B. Produktion, oder nach organisatorischen Funktionalbereichen, z. B. Vertrieb, organisiert und deshalb für deren eigene, spezifische Produktions- oder Vertriebsanwendungen optimiert. Folge ist die Mehrfachspeicherung prinzipiell identischer Informationen an unterschiedlichen Orten in normalerweise inkonsistenten und inkompatiblen Datenformaten[47]. Ein typisches Beispiel verdeutlicht die Problematik: In einer Vertriebsdatenbank werden Kunden unter einer Kundennummer in Verbindung mit z. B. der Postleitzahl gespeichert. In der Buchhaltungsdatenbank bekäme der selbe Kunde ein Kundenkontonummer in Verbindung mit seiner Adresse. In beiden Fällen wäre der selbe Kundenname mehrfach indexiert und gespeichert. Ein Data Warehouse behebt diese Mehrfachspeicherung, indem es Daten themenorientiert, d. h. nach Geschäfts-

[45] Näheres auf S. 46 ff.
[46] Vgl. INMON (1992), S. 29 ff. sowie die Darstellungen bei HEINRICH/HOFMANN (1996), S. 22 und HACKATHORN (1995), S. 38. Die weiteren Ausführungen orientieren sich an diesen Quellen.

objekten speichert. Als Geschäftsobjekte kommen beispielsweise Produkte, Kunden, Aufträge oder Ähnliches in Frage. Somit würde eine Produktionskennzahl nicht der Produktionseinheit an der sie anfällt zugeordnet werden, sondern dem entsprechenden Produkt. In einem anderen Fall wäre es denkbar, eine Umsatzkennzahl demjenigen Verkaufsbereich zugewiesen werden, der ihn erzielt hat. Auch alle Kundendaten würden so nur einmal gespeichert werden

2. integriert

Die Integration von Daten in einem Data Warehouse wird durch fest definierte, konsitente Datenformate sichergestellt. Operative Datenbanken haben, meist aufgrund der soeben beschriebenen Systeminkompatibilitäten oder Veralterung, große Inkonsistenzen in ihren Datenbeständen. So können in einer Datenbank die Datensätze für „Preis" und „Stückzahl" durch ein „P" und „S", in einem anderen System aber durch „x" und „y" repräsentiert werden. Originäre Aufgabe des Repository ist es diese einheitliche und von Einzelsystemen unabhängige Datendefinition zu gewährleisten[48]. Hiermit ist aus technologischer Sicht das Hauptproblem der Data Warehouse Technologie angesprochen. Die Aufrechterhaltung der Datenkonsistenz kann nur mit kontinuierlicher Überwachung und Anpassung der Datenformate gelingen und somit den Bestand des Data Warehouse sichern[49]. Aus diesem Grund ist ein Data Warehouse auch als ein dauerhaftes Konzept oder als ein anhaltender Prozeß zu sehen und nicht als Produkt, das einmal implementiert immer funktioniert.[50] [51]

3. Periodenvariant

Ein Data Warehouse ist periodenvariant, da es sowohl historische wie aktuelle Daten enthält[52]. In operativen Datenbanken hingegen sind nur die momentan aktuellen Datensätze hinterlegt, die im Allgemeinen über einen Zeitraum von nicht mehr als einem Jahr, meist sogar noch kürzer gespeichert bleiben. Im Vergleich hierzu verbleiben die von den operativen Systemen geladenen Daten normalerweise drei

[47] Siehe S. 37 dieser Arbeit.
[48] Siehe Abbildung 12, Charakteristika „Umfang".
[49] Vgl. GRIFFIN (1996), S. 75.
[50] Siehe DARLING (1996), S. 42 und S. 46 ff.
[51] Unabhängig davon kann ein Data Warehouse auch mit Standardsoftware realisiert werden. Siehe HEINRICH/HOFFMANN (1996), S. 25 f.
[52] Hier findet sich die Eigenschaft „Betrachtungsperiode" aus Abbildung 12 wieder.

bis fünf Jahre in einem Data Warehouse. Hierdurch wird der wesentliche Unterschied in der Ausrichtung beider Datenbankumgebungen deutlich.

4. Nicht - volatil

Nicht - Volatilität als letzte Eigenschaft der Datenhaltung in einem Data Warehouse erklärt die Unveränderlichkeit der aus den operativen Systemen geladenen Daten. Nach ihrer Aufbereitung werden diese Bestandteil des Data Warehouse und unterliegen keiner weiteren Manipulation, wobei auf täglicher, wöchentlicher oder monatlicher Basis neue, aktuelle Daten lediglich nachgeladen werden (engl.: *update*)[53]. Bezüglich des Unveränderlichkeit der Daten kann der Bestand auch als statisch bezeichnet werden. Nebenbei wird auch eine technologisch vorteilhafte Wirkung erzielt, weil der Ladeprozeß (engl.: *load management*) des Data Warehouse stark optimiert werden kann.

Trotz der relativ ausführlichen Beschreibung der Datenhaltung ist der Gesamtkontext, den ein Data Warehouse für betriebliche Entscheidungsträger einnimmt noch nicht ausreichend dargelegt. Einschränkend sei aber jetzt schon hingewiesen, daß die folgenden Betrachtungsgegenstände zwar eine unbestritten hohe praktische Relevanz haben, aber nicht zum originären Kernbereich der hier vorliegenden Thematik zählen, und somit nur rudimentäre Ausführungen geleistet werden können.

Mit den Anwendungssystemen, die das Data Warehouse als Datenquelle benutzen, hier auch als „Business Intelligence" bezeichnet (siehe erneut Abbildung 11 auf S. 41), erschließt sich erst die eigentliche Umsetzung von gespeicherten Daten in unternehmerische Entscheidungen[54]. Hierbei können nicht nur Top-Manager, sondern praktisch alle Managementebenen profitieren, sofern sie Zugriff auf das Data Warehouse haben. In Abhängigkeit vom Informationsbedarf eines Managers finden viele verschiedene Endnutzerprogramme ihre Anwendung, die auf den Datenbestand des Data Warehouse aufbauen[55]. So können beispielsweise Datenbankapplikationen, Tabellenkalkulationen und Business - Grafiken zur Erstellung von Bilanzanalysen, Erfolgsrechnungen oder Liquiditätsanalysen wirkungsvolle Instrumente für Finanzma-

---

[53] Zum Tragen kommen hier aus Abbildung 12 die Eigenschaften „Update", Transaktionsvolumen", „Antwortzeit".
[54] Vgl. MEITH (1996), S. 29.
[55] Beispiele bei STAMP (1996), S. 34.

nager darstellen[56]. Für Top-Manager hingegen, mit ihrem eigenen Informationsbedarf[57], sind Anwendungssysteme relevant, die sich konzeptionell unter die bekannten DSS, EIS bzw. ESS einordnen lassen[58]. Die neueren Entwicklungen auf diesem Gebiet ermöglichen multidimensionale Analysen unter Verwendung von OLAP (*on line analytic processing*). Ziel dieser Systeme ist es, auf Knopfdruck Informationen aus multipler Kenngrößenanalyse direkt (*on line*) in Berichts- und Grafikform zu visualisieren[59]. Mittlerweile hat sich diese Entwicklung sogar gedreht, da OLAP derart gewachsene Ansprüche an die Hardware und die Datenverwaltung stellt, daß ohne ein Data Warehouse ad hoc keine komplexen, mehrdimensionalen Analysen mehr durchführbar wären[60]. Ein weiterer Hinweis soll hier an Anfrage- und Informationssuchwerkzeugen ergehen, die nach Mustern und Beziehungen in Datenbeständen suchen (engl.: *Data mining*) und ebenfalls mit einem Data Warehouse erheblich an Leistungstärke gewinnen[61].

Nach der kurzen Darstellung von Anwendungssystemen sollen aus Gründen der Vollständigkeit und der praktischen Relevanz noch einige Bemerkungen zu deren Implementierung gemacht werden. Läßt man den Informationsbedarf als gültiges Kriterium für die Implementierungsfrage von Anwendungssystemen auf ein Data Warehouse zu, so wird sofort klar, daß nicht jede beliebige Endnutzersoftware für eine Unternehmung sinnvoll verwendbar ist. Vielmehr ist die Entscheidung welche EIS oder DSS Module von Top-Managern genutzt werden, von spezifischen Parametern, wie dem Produktionsprogramm oder der Unternehmungsstruktur abhängig. Konsequenz: nach der Implementierung einer Standardanwendung[62], z. B. von R/3 Modulen der SAP AG, kann die vollständige Funktionalität nur mit langfristigen Anpassungsprozesse (engl.: *customizing*) an die bereits existierenden computergestützte Informationssysteme und die Organisationsstrukturen hergestellt werden[63]. Anschaulich wird an die-

---

[56] Hierzu TIEMEYER/HERZOG (1989), S. 32 ff.
[57] Vgl. auch die Zusammenfassung auf S. 27.
[58] Siehe erneut Kapitel 3.1.1.
[59] Vgl. HEINRICH/HOFFMAN (1996), S. 23.
[60] Vgl. SCHEER (1996), S. 74.
[61] Vgl. SCHEER (1996), S. 75.
[62] Hierzu auch WÜRTHNER (1996), S. 208 f; MEITH (1996), S. 28.
[63] An dieser Stelle sei noch kurz auf das hohe finanzielle Engagement für derartige Standardsoftware hingewiesen. Ausführliche, kritische Wirtschaftlichkeitsüberlegungen würden allerdings den hier betrachteten Rahmen überschreiten. Einführend zu diesem Thema siehe FRESE/v. WERDER (1992), Sp. 380 ff.; MERTENS et al. (1991), S. 182 ff.

ser Stelle, daß ein Data Warehouse kein beliebig austauschbares Standardprodukt darstellt, sondern vielmehr als auf einer allgemeinen Konzeption basierende, unternehmungsindividuelle Lösung verstanden werden muß[64].

3.3   Unterstützungspotentiale für die Unternehmungsleitung

Nachdem die informationstheoretischen Grundlagen dargestellt wurden, soll nun die Frage erörtert werden, welche Unterstützungspotentiale ein Data Warehouse für die Unternehmungsleitung bereithält. Als Charakteristikum eines Data Warehouse wurde bereits die Datenhaltung herausgearbeitet. Sie stellt im Folgenden die konzeptionelle Struktur dar, an der die Unterstützungspotentiale für Top-Manager identifiziert werden können.

3.3.1 Themenorientierung

Mit der themenorientierten Datenhaltung werden die Daten im Data Warehouse nach Geschäftsobjekten aufgearbeitet und bereitgestellt. Diese Art der Speicherung steht, wie bereits erläutert, im Gegensatz zur Datenhaltung nach isolierten Geschäftsprozessen oder organisatorischen Funktionen[65]. Ein Vorzug der themenorientierten Datenhaltung ist, daß theoretisch unbeschränkt viele und unterschiedliche Geschäftsobjekte als Dimensionen für die Datenspeicherung benutzt werden können. Exemplarisch wurden hierzu in Abbildung 13 die drei Dimensionen Markt, Produkt und Zeit gegeneinander aufgetragen, so daß aus ihnen ein Datenwürfel entsteht[66]. Der Vorteil der Dimensionenverbindung in einem Datenwürfel wird deutlich, wenn man versucht Informationen oder Analysen aus dem Datenbestand zu generieren. So ist die Abfrage von Informationen über Unternehmungsaktivitäten entlang der Dimensionen des Datenwürfels wesentlich performater, als eine Abfrage aus den Datenbanken der operativen Systeme. Grund dafür ist, daß für dieselben Informationsabfragen erst langwierige Suchprozeduren und komplexe Rechenoperationen initiiert werden müssen, während beim Data Warehouse die Informationen schon abfragegerecht bereit liegen. Ein Data Warehouse unterstützt somit wesentlich schnellere und für das Management bedarfs-

---

[64] Vgl. MUCKSCH/HOLTHUIS/RAISER (1996), S. 421; HEINRICH/HOFFMAN (1996), S. 23.
[65] Siehe S. 42 f.
[66] Zum Datenwürfel siehe ROCKART/TREACY (1982), S. 83 ff.

gerechtere Zugriffe auf den Datenbestand der Unternehmung. Auch wenn dabei einschränkend erwähnt werden muß, daß dies nur entlang der definierten Geschäftsobjekte möglich ist, werden Manager doch ihren Aufgaben entsprechende, relevante Informationen besser generieren können. Die hierzu nötigen Werkzeuge sind Abfrage- und Visualisierungssoftware. Mit ihnen ist beispielsweise ein Produktmanager jetzt in der Lage, die Marktentwicklung eines einzelnen Produktes über einen bestimmten Zeitraum zu rekonstruieren und zu analysieren. Ihm stehen hierfür im Data Warehouse aktuelle Informationen zur Verfügung, die er jederzeit und schnell abrufen kann. Für Top-Manager ist hingegen nicht die Entwicklung eines einzelnen Produktes oder eines Marktsegmentes relevant sondern vielmehr parallele, multidimensionale Sichtweisen, die strategische Entscheidungen über Produkt - Markt Kombinationen unterstützen[67]. In Abbildung 13 wird dies mit den unterschiedlichen managerialen Datensichten zum Ausdruck gebracht.

---

[67] Vgl. FELD/MARMOL (1994), S. 18 f.

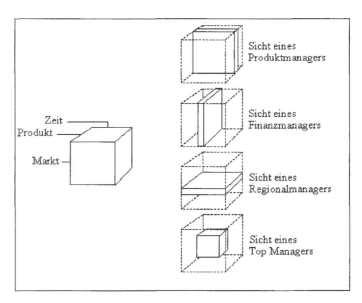

Abbildung 13: Manageriale Datensichten

Quelle: in Anlehnung an ROCKART/TREACY (1982), S. 84.

Die mehrdimensionale Datensicht eines Top-Managers wird durch spezielle Software unterstützt, insbesondere ermöglichen die schon angesprochenen OLAP Tools derartige Betrachtungen. Um auch einen Eindruck von den hohen technologischen Anforderungen einer mehrdimensionalen Analyse an die Datenbankverwaltungssoftware und die Datenbankhardware vermitteln zu können, sei hier noch ein kleines Beispiel eingefügt. Damit eine Trendanalyse für den Unternehmungsgewinn bei 2% Steigerung einzelner Produktpreise und 1% Lohnkostendegression berechnet werden kann, müssen bis zu einem Terabyte (10^{12} Byte)[68] an Daten verarbeitet werden[69]. Hinzu kommt, daß gerade diese Art von Informationen von Top-Managern ad hoc abgefragt und zeitlich innerhalb von wenigen Minuten erwartet wird[70]. Dieser Leistungsrahmen kann von konventionellen, operativen Datenbanken nicht eingehalten werden. Hierzu bedarf

---

[68] Die zu verarbeitende Datenmenge wird wesentlich vom betrieblichen Produktionsprogramm bedingt. Im Maschinenbau sind 300 Gigabyte (10^9 Byte) üblich wohingegen in der Versicherungsbranche regelmäßig mehrere Terabyte an Informationen anfallen. Die Angaben entstammen einem Gespräch des Verfassers mit Herrn L. Grapatin, Klöckner-Humboldt-Deutz AG, Köln
[69] Vgl. o. V. (1996b).
[70] Vgl. auch die Anforderungen auf S. 29.

es vordefinierter und bedarfsgerecht aufbereiteter Daten, wie sie in einem Data Ware-house zur Verfügung stehen. Somit besitzt ein Data Warehouse Unterstützungspo-tentiale für Top-Manager, wenn diese auf Ergebnisse und Informationen aus mehrdimensionalen Analysen und Abfragen zurückgreifen.

3.3.2 Integration

Mit der Einführung eines Data Warehouse liegen betriebswirtschaftlich relevante Da-ten nicht mehr verstreut in isolierten, operativen Systemen, sondern werden auf einem zentralen Speichersystem gehalten. Mit dem Repository ist über das einheitliche Da-tenformat gleichzeitig eine unternehmungseinheitliche Interpretation von Daten gesi-chert, d. h. in allen Unternehmungsbereichen wird der Umsatzerlös gleich definiert, wodurch zeitraubenden Mißverständnissen vorgebeugt wird. Wie erklärt sich aber nun die Entstehung von datentechnisch isolierten Systemen, hier auch Dateninseln ge-nannt, die die Integration der Daten als wichtiges Element erscheinen lassen? Um die-se Frage beantworten zu können, muß man sich die Methodik, wie Datenverarbeitungstechnik in Unternehmungen eingeführt wurde, ansehen. Orientie-rungspunkt bei der Implementierung der Datenverarbeitung war die bestehende Orga-nisationsstruktur der Unternehmung. So ist z. B. in Abbildung 14 (siehe unten) die Unternehmung funktional organisiert[71]. Sollen nun einzelne Geschäftsprozesse wie z. B. die Auftragsbearbeitung horizontal, d. h. funktionsübergreifend per Computer un-terstützt werden, besteht die Gefahr, daß die bereits erwähnten Datenformatinkonsi-stenzen eine derartige Unterstützung verhindern. Erstrebenswert ist folglich die Vereinheitlichung von Datenformaten und die Integration der Daten in eine Daten-bank. In Verbindung mit der schon besprochenen Themenorientierung wird dann eine bezüglich betriebswirtschaftlicher Zwecke optimierte Datenhaltung ermöglicht[72] [73]. Die definierten Datenformate haben den Vorteil, daß sie anwendungsunabhängig, d. h. nicht auf ein einzelnes operatives System hin, ausgerichtet sind. Dies ermöglicht es, eine große Anzahl unterschiedlichster Instrumentarien zur Entscheidungsunterstüt-zung und Informationsversorgung parallel zu nutzen[74]. Bisher war keine unterneh-

---

[71] Vgl. SCHEER (1993), S. 83 ff.
[72] Siehe hierzu erneut die Themenorientierung auf S. 42.
[73] Vgl. SCHEER (1993), S. 86 f.
[74] Vgl. KRALLMANN/RIEGER (1987), S. 36 f.

mungsweite, einheitliche Datenbasis vorhanden. Die Datenbasis eines Data Warehouse verwirklicht somit auch die Integration von verschiedenen Dateninseln in ein Gerät am Arbeitsplatz des Top-Managers, wodurch es diesem möglich wird, sich auf seine eigentliche Arbeit, nämlich die Suche und Verarbeitung von Informationen zu konzentrieren. Technologisches Wissen über die Herstellung oder Sicherung von Datenkonsistenz und -qualität der, stellt lediglich eine unzulässige Belastung dar, die für Top-Manager weder notwendig noch relevant sein kann[75]. Idealerweise werden solche Problematiken dann mit dem Einsatz einer graphischen Oberfläche verdeckt[76].

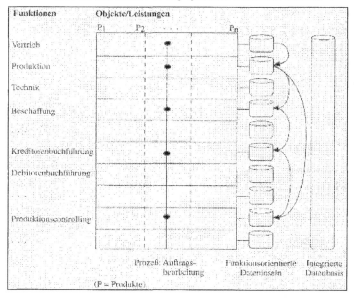

Abbildung 14: Dateninsel vs. integrierte Datenbasis

Quelle: SCHEER (1993), S. 86.

Zu diesen bisher eher unternehmungsintern ausgerichteten Überlegungen sind zwei wichtige Ergänzung anzufügen. Zunächst soll die Problematik externer Daten, die entweder dem Netzwerk des Top-Managers oder einer externen Datenbank[77] entstammen, beleuchtet werden. Aus Sicht der Unternehmungsleitung ist die Einbindung

---

[75] Siehe auch INMON (1994), S. 4.
[76] Zu den Vorteilen von graphischen Oberflächen siehe BULLINGER/FÄHNRICH/ILG (1993), S. 441 ff.
[77] Hierzu MERTENS/GRIESE (1988), S. 43 ff.; HASENKAMP (1994), S. 151 f.

externer Datenbanken in das Data Warehouse eine notwendige Ergänzung der Datenbasis, da Top-Manager einen signifikanten Bedarf an externen Informationen haben[78].

Ob eine Datenquelle erschlossen wird, ist prinzipiell eine Einzelfallprüfung, die sich an der inhaltlichen Eignung der Daten für den Informationsbedarf von Top-Managern und den Kosten für den Datenzugang orientiert[79]. Ein nächstes, komplexeres Problem ist die Integration qualitativer Daten. Für diese ist es typisch, daß sie von Top-Managern als Gerücht oder Spekulation in verbaler Form wahrgenommen werden[80]. Als Entscheidungsgrundlage in einem Data Warehouse können sie nur nach ihrer Quantifizierung und Umsetzung in einen binären Code dienen. In begrenztem Umfang existieren hierfür bereits Methoden, z. B. Scoring Modelle, Wertungsverfahren, Nutzwertanalysen und Skalierungen, deren Anwendung aber immer noch mit Subjektivität und Unsicherheiten verbunden ist[81].

Trotz aller genannten Einschränkungen bleibt aber als wesentlichster Vorteil eines Data Warehouse die Möglichkeit bestehen, mit unterschiedlichsten Werkzeuge zur Entscheidungsunterstützung und Informationsbeschaffung auf eine gemeinsame, unternehmungsweite Datenbasis zugreifen zu können. Das ist eine Funktion, die so von einzelnen, auf Dateninseln isolierten Systemen nicht erfüllt werden kann[82].

3.3.3 Periodenvarianz

Periodenvariante Datenhaltung bedeutet, daß neben aktuellen auch historische Daten über einen längeren Zeitraum im Data Warehouse gespeichert bleiben. Damit ist eine notwendige Voraussetzung für betriebswirtschaftliche Analysen geschaffen, denn ohne mehrperiodische Betrachtungen lassen sich keine Entwicklungen, Prognosen Wirkungszusammenhänge oder sonstige Aussagen über Erfolge von Strategien treffen. Die für die Festlegung der Wettbewerbsstrategien analysierten Wettbewerbskräfte (siehe erneut Abbildung 6 auf S. 22) unterliegen beispielsweise einer permanenten Dynamik, die nur durch langfristige Betrachtungen offengelegt werden kann. Ein konkrets Beispiel zeigt die Abbildung 15 (siehe unten) auf. Hier werden durch eine

---

[78] Vgl. Kapitel 2.1.3.1 auf S. 10 ff.
[79] Vgl. MERTENS/GRIESE (1988), S. 49 f.; MERTENS et al. (1992), S. 68 f.
[80] Siehe erneut aktuelle, auslösende und verbale Informationen für Top-Manager auf S. 15 f.
[81] Vgl. BORKOWSKI (1994), S. 316 ff.

OLAP Anwendung oder eine Tabellenkalkulation diverse Verkaufszahlen über mehre-re Monate hinweg aufgezeigt und gegenübergestellt. Mit Hilfe dieses Bildschirmaus-schnitts wird ebenfalls deutlich, daß ein EIS auf Basis eines Data Warehouse normalerweise keine lange Zahlenkolonnen sondern tatsächlich verdichtete Informa-tionen auf einer graphischen Oberfläche liefert. Dem Top-Manager eröffnen sich aber noch weitere Möglichkeiten. Er kann von hier ausgehend weitere Informationen zu einzelnen Zahlen anfordern (engl. *Drill down*) oder weitere Analysewerkzeuge einset-zen, um Zusatzinformationen zu erhalten oder kausale Wirkungszusammenhänge of-fenzulegen. Der Bildausschnitt zeigt darüber hinaus die Möglichkeit der Kommunikation via elektronischer Post auf, die zwar nicht originärer Teil der Data Warehouse Konzeption ist, aber mit ihr technologisch verbunden werden kann.

---

[82] Vgl. MERTENS et al. (1992), S. 70.

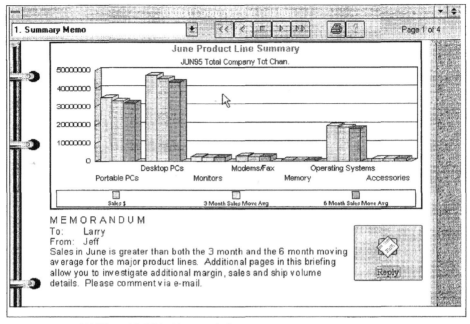

Abbildung 15: Bildschirmausschnitt

Quelle: *Oracle Corporation*

Zusammenfassend kann festgestellt werden, daß die periodenvariante Datenhaltung Potentiale für Top-Manager beinhaltet. Diese beziehen sich auf die Realisierung von mehrperiodischen, strategischen Analysen und auf die dementsprechende Informationsbeschaffung aus dem Datenspeicher des Data Warehouse . Weiterhin kann auch eine Einbindung von Kommunikationselementen erfolgen, die gerade für Top-Manager ein wichtiges Instrumentarium für den Aufbau und die Aufrechterhaltung ihres persönlichen Netzwerkes darstellen[83].

3.3.4 Nicht-Volatilität

Volatilität beschreibt die zeitliche Veränderung von Daten. Diese Eigenschaft verhindert, daß Manipulationen an den zentral gespeicherten Daten des Data Warehouse

---

[83] Siehe erneut S. 15 f.; aber auch MÜLLER-BÖLING/KLAUTKE/RAMME (1989), S. 105.

vorgenommen werden können[84]. Hierdurch wird die Kontinuität und ein hohes Maß an Sicherheit für den Inhalt und den Bestand der Daten gewährleistet. Die Nicht - Volatilität bewirkt in diesem Sinne ein statisches Datenmaterial[85], da die Daten nach ihrem Einladen in das Data Warehouse nicht mehr verändert werden, sondern nur neue aktuelle Daten nachgeladen werden. Erkauft wird diese Eigenschaft mit einer Datenredundanz zu den operativen Systemen, die aber billigend in Kauf genommen wird und werden muß.

Mit einem einheitlich definierten, zentralen und statischen Informationsspeicher, auf dem alle entscheidungsrelevanten Informationen der Unternehmung abgebildet und an den alle wesentlichen Ebenen des Management angeschlossen sind, kann der betriebliche Informationsfluß aus und in das Data Warehouse für die Unternehmungsleitung transparent und disponibel gemacht werden[86]. Dabei erhalten Top-Manager ein vielschichtiges Dispositionspotential, indem sie in die Lage versetzt werden, mit Hilfe des Data Warehouse Inhalte und Umfang der Informationsversorgung großer Teile des Management per Knopfdruck zu beeinflussen und zu kontrollieren. Eine unterstützende Wirkung könnte dies für die Top-Manager in ihrer Funktion als Informationsverarbeitungssystem bedeuten (siehe nochmals Abbildung 3 auf S. 14)[87], insbesondere auch dann, wenn die Unternehmung eine dezentrale oder globale Organisationsstruktur besitzt. Es wäre sogar möglich, z. B. mittels elektronischer Kommunikation, unternehmungsexterne Kontakte mit Informationen aus dem Data Warehouse zu versorgen. Andere Potentiale, welche zwar mit dem Informationsbedarf der Unternehmungsleitung nicht in Zusammenhang stehen, aus Gründen der Vollständigkeit aber erwähnt werden sollten, sind denkbare Wettbewerbsvorteile. Sie könnten beispielsweise generiert werden, wenn durch gemeinschaftliche Nutzung der Hardwareressourcen eines Data Warehouse oder durch den erleichterten innerbetrieblichen Wissenstransfer über das Data Warehouse Kostensenkungspotentiale freigesetzt werden[88]. Realistisch wird ein signifikanter und substanzieller Wettbewerbsvorteil aber nur in Unternehmungen mit hohem Datenaufwand, wie z. B. Banken oder Versiche-

---

[84] Vgl. HACKATHORN (1993), S. 227.
[85] Vgl. erneut S. 44.
[86] Siehe TIEMEYER (1996), S. 46.
[87] Vgl. auch HACKATHORN (1995), S. 39 ff.
[88] Vgl. PORTER (1985), S. 350.; weiterführend PORTER/MILLAR (1985), S. 156 ff.

rungen, sein, die auf eine unternehmungsweite, computergestützte Informationsinfrastruktur angewiesen sind[89]. Andere Potentiale könnten sich auch innerhalb der Unternehmungsleitung, z. B. im Vorstand einer Aktiengesellschaft, ergeben. Hier kann die einheitliche Informationsbasis des Data Warehouse gestalterische Wirkung auf die Arbeitsweise der Top-Manager bzw. auf die Gruppenarbeit der Unternehmungsleitung insgesamt entfalten[90]. Denkbar wäre dies, da gemeinsam zugängliche Informationen, eine Referenzgröße etablieren, die Entscheidungen zumindest innerhalb der Vorstandsgremien nachvollziehbarer und kontrollierbarer werden lassen. Die hiermit verbundene höhere Transparenz von Führungsarbeit führt konzeptionell in eine Grundsatzdiskussion über Effizienz, Haftung und Leistung des Top-Managements. Verwiesen sei an dieser Stelle auf bereits bei v. WERDER abgeleitete Grundsätze ordnungsmäßiger Unternehmungsleitung (GoU)[91], deren eingehende Darstellung den hier verfügbaren Rahmen überschreiten würde[92].

---

[89] Nahezu klassisches Beispiel für die Existenz eines derartigen Potentials ist das SABRE Buchungssystem von American Airlines. Hierzu DAVIS/BOTKIN (1994), S. 166.

[90] Zur Computerunterstützung für die Gruppenarbeit siehe KRCMAR (1992), S. 429 ff.; KRCMAR/ELGASS (1993), S. 683 ff.

[91] Die GoU sind mit den Grundsätzen ordnungsmäßiger Überwachung (GoÜ) und Abschlußprüfung (GoA) Bestandteil der Grundsätze ordnungsmäßiger Unternehmungsführung (GoF). Siehe hierfür v.WERDER (1996b), S. 14.

[92] Eine vollständige Darlegung bei v.WERDER (1996) und ebd. (1996b).

4 Diskrepanzen zwischen Anforderungen und Potentialen der Computerunterstützung durch ein Data Warehouse

Die Darstellung der Unterstützungspotentiale eines Data Warehouse für die Unternehmungsleitung war der Untersuchungsgegenstand im dritten Kapitel dieser Arbeit. Um eine Verständnisbrücke zwischen der Data Warehouse Technologie und deren Einsatz für das Management bilden zu können, war es zunächst notwendig, die Entwicklungen von computergestützter Managementunterstützung zu beschreiben und aus Sicht Top-Manager der zu bewerten[1]. Diese Vorbereitung schaffte ein erstes, differenziertes Verständnis für den Problemkreis, in dem sich die Nutzung von Computern im Top-Management befindet. Mit der Präsentation der informationstheoretischen Konzeption ebnete sich dann der Weg in eine kritische Analyse der Potentiale eines Data Warehouse für die Unternehmungsleitung[2]. Zentraler Anknüpfungspunkt zur Ableitung von Unterstützungspotentialen waren dabei die dem Data Warehouse eigenen Datenhaltungseigenschaften. Ziel dieses vorletzten Kapitels ist es nun, in Übereinstimmung mit dem generellen Untersuchungsplan[3] Diskrepanzen zwischen den grundsätzlichen Anforderungen an die Computerunterstützung der Unternehmungsleitung und den Potentialen eines Data Warehouse aufzuzeigen, um im Abschluß zu einer Bewertung kommen zu können. Ohne den folgenden Argumenten vorgreifen zu müssen, lassen die bisherigen Ausführungen vermuten, daß relativ große Diskrepanzen zwischen Anforderungen und Potentialen existieren. Nichtsdestotrotz wird die Fortführung der Untersuchung aus zwei Gründen motiviert. Noch einmal sei betont, daß ein vermeindlich enttäuschendes Ergebnis durchaus mit dem hier verfolgten Ansatz konform geht. Wie in der Einleitung bereits vorhergesagt, bergen aus managementtheoretischer Perspektive definierte Anforderungen bereits in sich die Gefahr eines für die heutige technologische Realität zu hohen Anspruchsdenkens. Gleichzeitig ist hierin aber auch ein Vorzug zu sehen, denn wenn Diskrepanzen deutlich gemacht werden, können die bestehenden Differenzen im positiven Sinne als konzeptionelle und technologische Entwicklungspfade für zukünftige Technologien interpretiert werden. Als zweiter Motivationsgrund für die weiteren Ausführungen

---

[1] Siehe Kapitel 3.1.
[2] In Kapitel 3.2.

fungiert die Vorstellung, mit Hilfe dieses Ansatzes eine anforderungsgerechte Beurteilung des Data Warehouse zu erzielen und sich somit von undifferenzierten Technologieeuphorien distanzieren zu können.

Anforderungen an die Computerunterstützung des Top-Managements wurden entlang der Dimensionen Information und Kommunikation postuliert (siehe Abbildung 8, S.29). Im Gegenzug dazu orientierten sich anschließend die Unterstützungspotentiale an der themenorientierten, integrierten, periodenvarianten und nicht volatilen Datenhaltung in einem Data Warehouse. Die erste Gegenüberstellung beider Positionen eröffnet zunächst, daß Kommunikationssysteme keine originären Bestandteile eines Data Warehouse sind[4]. Da sie jedoch, wie Abbildung 15 (S. 53) zeigt, mit einem Data Warehouse sinnvoll verbunden werden können, sollen sie trotzdem mit den Gesichtspunkten der oben formulierten Kommunikationsanforderungen konfrontiert werden. Zunächst wurde festgestellt, daß die Informationsverteilung und somit die Pflege des Kontaktnetzwerkes eines Top-Managers grundsätzlich von Kommunikationssystemen unterstützt werden sollte[5]. Aber auch ein Data Warehouse kann hierzu einen Beitrag leisten, da bei nicht volatiler Datenhaltung, ein unveränderlicher, zentraler Datenbestand entsteht, der den innerbetrieblichen und externen Informationsfluß für Top-Manager disponibel gestaltet. Hierdurch kann ein Top-Manager die Informationen, entsprechend seinen informatorischen Verpflichtungen, vereinfacht verteilen, bzw. den Fluß von Informationen innerhalb der Organisation gestalterisch beeinflussen. Zur Einschränkung dieses an sich bedeutsamen Potentials ist allerdings zu sagen, daß grundsätzlich nur Informationen, die in den Speichern residieren der Verteilung und Steuerung durch Top-Manager unterliegen. Somit entziehen sich die Daten, die aus technischen oder sonstigen Gründen nicht in das System übernommen werden können. Nun konnte aber in der obigen Untersuchung gezeigt werden, daß gerade die Weitergabe von Eindrücken oder unsicheren Spekulationen in der alltäglichen Realität von Top-Managern eine große Rolle spielt. Es bleibt also festzustellen, daß zwar die Kommunikationsprozesse von Top-Managern mit einem Data Warehouse vereinfacht und verbessert werden könnten, sich allerdings ein Großteil der relevanten Informationen einer Kommunikationsunterstützung entzieht.

---

[3] Siehe erneut Kapitel 1.2.
[4] Siehe auch Abbildung 11, S. 41.

Für die Bewertung der Potentiale von Data Warehouse zur Unterstützung von strategischen Entscheidungen sind in Kapitel 2.2.1 drei gleichrangige Anforderungskomplexe definiert worden. Der erste Anforderungsbereich beschäftigte sich mit dem soeben angerissenen Problem, daß in betrieblichen Computersystemen zwar viele quantitative bzw. binäre Daten enthalten sind, aber die technologisch anspruchsvolle Einbindung von verbalen, unsicheren und qualitativen Informationen nur sehr beschränkt vollzogen werden kann. Auch ein Data Warehouse kann bezüglich seiner Konzeption (siehe Abbildung 11, S. 41) dieses Problem nicht grundsätzlich lösen, da es für diese Informationsformate keine neuartigen Schnittstellen anbieten kann. Vielmehr ist die Architektur auf die vertikale Zusammenführung von operativen und externen Daten in konventionellen Formaten ausgerichtet. Somit ist ein Data Warehouse auf eventuelle Zusatzsysteme angewiesen, die Spekulationen, Trends und sonstige für Top-Manager wichtige und unsichere Informationen in verarbeitbare Formate überführen[6].

Die Auswahl und Aufbereitung von geeigneten Informationen für Top-Manager bildete den zweiten Komplex von Anforderungen an ein Data Warehouse. Das Kernanliegen dieser Anforderung war es, mit hochverdichteten und entscheidungsauslösenden Informationen Top-Manager vor einer Informationsüberflutung zu bewahren. Ein deutliches Unterstützungspotential hierfür wird mit der Themenorientierung und der Integration sichtbar. So können mit der themenorientierten Datenhaltung insbesondere für Top-Manager nützliche, multidimensionale Datensichten generiert werden, die aufgabenrelevante Informationen selektieren und unwichtige Details unterdrücken. Diese Eigenschaft entspricht dann der Anforderung, Information geeignet zu verdichten. Im Endeffekt können so auslösende Informationen schneller und gezielter bereit gestellt werden. Damit wird ein Beitrag zur informatorischen Entlastung der Unternehmungsleitung geleistet. Die integrierte Datenhaltung erzielt ebenfalls einen ähnlichen Entlastungseffekt, indem sie eine unternehmungseinheitliche Dateninterpretation sichert und somit formatbedingte Fehlinformationen vermeiden hilft. Mit diesen Potentialen wurden bis hierher die aus

---

[5] Vgl. Kapitel 2.2.2.
[6] Die Forschungsgebiete für derartige Systeme liegen hauptsächlich in dem Bereich der künstlichen Intelligenz, die aber hier aus Gründen des Umfanges nicht weiter ausgeführt werden sollen. Vgl. KRALLMAN/RIEGER (1987), S. 31.

technologischer Sicht wichtigsten Fortschritte eines Data Warehouse angesprochen. Trotzdem sind aber noch einige einschränkende Faktoren zu bedenken, die die Bewertung der Potentiale relativieren. So gilt auch hier, daß ein Data Warehouse nur Daten aufbereiten kann, die in ihm abgelegt sind, d. h. wenn ein Top-Manager nach auslösenden Informationen sucht, kann auch mit dem Data Warehouse nicht garantiert werden, daß er sie aus einem Computer beziehen kann. Ein weiteres schwerwiegendes Problem stellen die allgemeinen Akzeptanzbarrieren dar, die der Nutzung von Bildschirmendgeräten auf dem Tisch eines Top-Managers entgegen stehen[7]. Ohne nochmals auf die schon angesprochenen Aspekte eingehen zu müssen, seien die graphische Darstellung und die einfache Bedienbarkeit der Software als kritische Faktoren für den Einsatz des Data Warehouse unterstrichen. Mit anderen Worten hängt die Nutzung des Data Warehouse nicht allein von seinen hier dargelegten potentiell positiven Unterstützungspotentialen ab, sondern auch von der Akeptanz der Anwendersoftware durch die Top-Manager.

Im Hinblick auf den letzten Anforderungskomplex, nämlich der Unterstützung von Strategieentscheidungen, ist neben der integrativen auch die periodenvariante Datenhaltung der Entscheidungsfindung signifikant zuträglich. Durch die Integration aller im Data Warehouse vereinigten Daten und deren Bereitstellung auf einem Tischcomputer am Arbeitsplatz eines Top-Managers können Informationen funktionsübergreifend genutzt werden. Dies bedeutet, daß auf der gleichen Datenbasis sowohl einfache Softwaresystemen zur Informationsdarstellung oder Informationssuche, als auch unterschiedlichste analytische Methoden und Modelle nutzbar sind. Insbesondere können unter Ausnutzung der mehrperiodischen Datenhaltung im Data Warehouse, dann aktuelle und historische Daten in vielen strategischen Analysen zur Entscheidungsunterstützung und Generierung von Handlungsempfehlungen benutzt werden. Ein Data Warehouse hält folglich für strategische Anwendungen nicht unerheblich Potentiale bereit, die aber unter Berücksichtigung der oben vorgenommenen Relativierungen kommentiert werden müssen. So sind hier speziell die analytischen Ergebnisse von der Qualität der Daten[8] im Data Warehouse abhängig. Die beste und konsitenteste Datenstruktur ist nutzlos, wenn die Datenbasis nicht die Unternehmungsrealität widerspie-

---

[7] Vgl. die Hinweise in den FN 25 und 27 m. N. auf S. 36.
[8] Hierzu auch REDMAN (1995), S. 100 f.

gelt, weil Daten aus operativen Systemen beispielsweise mit Fehlern versehen sind oder falsch übermittelt wurden. Auch die Qualität der Methoden und Modelle ist entscheidend für die Aussagekraft der Analysen. Da die Realität in keinem Modell vollständig berücksichtigt wird, sind die Ergebnisse stets mit ihren Prämissen in Bezug zu bringen[9]. Weiterhin ist zu betonen, daß Analysen von Top-Managern nur dann von ihnen selbst vorgenommen werden, falls die Softwarebedienung auf der direkten Arbeitsoberfläche ihren Fähigkeiten und Erwartungen entspricht.

Die Ausführungen in diesem Kapitel haben gezeigt, daß ein Data Warehouse wichtige technologische Potentiale für die Computerunterstützung der Unternehmungsleitung bereithält. Gleichzeitig wurden aber auch eine Reihe von Faktoren deutlich, die noch große Diskrepanzen in dessen Verwendung durch Top-Manager offenlegen. Schlüsselprobleme hierbei waren die Integration von externen, verbalen, qualitativen und unsicheren Informationen in die Struktur des Data Warehouse. Als weitere Aspekte kamen noch die Bedienbarkeit und Akzeptanz der Computer sowie die Datenqualität hinzu. Wie die obige Untersuchung gezeigt hat kann auch die Data Warehouse Technologie zu diesen Punkten keine fundamental neuen Lösungen anbieten. Somit wird auch diese Konzeption nur zum Teil den Anforderungen der Unternehmungsleitung an eine Computerunterstützung gerecht.

---

[9] S. 24 dieser Arbeit.

5   Synthese und Ausblick

Data Warehouse ist eine Konzeption aus dem Gebiet der betrieblichen Information-stechnologie. Sie hat das Ziel, mit Hilfe einer speziellen Datenbankarchitektur aus den verteilten, operativen Daten einer Unternehmung relevante Informationen für das Management zu gewinnen. Mit der vorliegenden Arbeit wurde in diesem Rahmen versucht, einen konstruktiven Beitrag zu einer sachlichen Beurteilung von Data Warehouse zu leisten. In Abgrenzung zu konventionellen, technologischen Bewertungsmustern waren es hier die rein managementtheoretisch abgeleiteten Anforderungen, denen die Data Warehouse Konzeption gegenübergestellt wurde. Die konkreten Potentiale eines Data Warehouse ergaben sich dabei primär aus der schnellen Verfügbarkeit von Informationen, der methodisch höherwertigen Informationsverarbeitung[1] sowie der verbesserten Transparenz und Verteilung von Informationen. Im Ergebnis mußte allerdings festgestellt werden, daß trotz erfolgversprechendem und technologisch richtungsweisendem Ansatz Data Warehouse den zugegeben hohen Anforderungen von Top-Managern letztendlich nur partiell entsprechen konnte. Die aufgezeigten Diskrepanzen zu den Technologiepotentialen können dabei als konzeptionelle und technologische Entwicklungspfade dienen.

Zum Abschluß der Arbeit stellt sich die Frage, welche Tendenzen von zukünftiger computergestützter Managementunterstützung zu erwarten sind. Hierzu eröffnen sich mit der Technologie und dem Management zwei generelle Entwicklungsrichtungen. Ohne Zweifel wird an der weiteren technologischen Verbesserung von Datenspeichern, Kommunikationsmedien, intelligenter Software, Spracherkennung, Benutzeroberflächen, usw. gearbeitet werden[2]. Auf der anderen Seite, und das hat diese Arbeit ebenfalls versucht darzulegen, kann eine Computerunterstützung des Top-Managements letztlich nur dann erfolgreich sein, wenn sie von zwei Komponenten getragen wird. Zum ersten gilt, daß zukünftige Computersysteme unter Berücksichtigung des Informationsbedarfs getragen werden sollten, was gleichbedeutend auch Top-Manager mit in die Pflicht nehmen sollte, auf die Verbesserung der Qualität von

---

[1] Vgl. ARBEITSKREIS „ORGANISATION" (1996), S. 658.
[2] Einige Beispiele bei HAYASHI/VARNEY (1996), S. 69 ff.

betrieblichen Systemen und deren Output hinzuarbeiten[3]. Der zweite Aspekt betrachtet die eher strategische Verantwortung von Top-Managern gegenüber Informations- und Kommunikationstechnologie[4], indem sie einen Rahmen vorgeben, innerhalb dessen der ständig steigende Technologieeinsatz die strategische Zielerreichung gewährleisten kann. Inhaltliches Kernproblem dabei ist der Aufbau eines neuen, gesamtorganisatorischen Verständnisses für die Verarbeitung und Verfügbarkeit von Informationen[5] [6]. Konzeptionelle Vorarbeiten wurden hier in der Literatur bereits geleistet[7].

---

[3] Vgl. KREITEL (1995), S. 757.

[4] Vgl. STRASSMANN (1995), S. 3.

[5] Hierbei ergeben sich konzeptionelle Schnittstellen zum Reengineering, auf die hier nicht weiter eingegangen werden kann. Für eine thematische Einführung siehe HAMMER (1995), S. 95 ff.

[6] Vgl. ARBEITSKREIS „ORGANISATION" (1996), S. 624.

[7] Siehe für viele SCOTT MORTON (1991), VENKATRAMAN (1994), MALONE/ROCKART (1991), BOYNTON et al. (1992).

6   Literaturverzeichnis

Allen, T.J. und Scott Morton, M.S., (1994) (Hrsg.) „Information Technology and the Corporation of the 1990s".

Ansoff, H.I., (1991) „Implanting Strategic Management".

Appleton E.L., (1996) „Use your Data Warehouse to Compete" in *Datamation*, 15. Mai 1996, S.34-38.

Arbeitskreis „Organisation" der Schmalenbach-Gesellschaft - Deutsche Gesellschaft für Betriebswirtschaft e.V. (1996) „Organisation im Umbruch. (Was) Kann man aus den bisherigen Erfahrungen lernen?" in Sonderdruck aus *ZfbF* 48 (6/1996).

Bea, F.X. und Haas, J., (1995) „Strategisches Management".

Becker, H. (1974) „Information nach Maß".

Berthel, J., (1992) „Informationsbedarf" in **Frese , E.,** (1992) (Hrsg.) „Handwörterbuch der Organisation" 3. Auflage, Sp.872-886.

Berthel, J. (1975) „Betriebliche Informationssysteme".

Beyer, D., Newell, M. und Hurst, I., (1994) „Grasping the Promise of Client-Server Computing" in *McKinsey Quarterly*, Nr.3, S.27-38.

Borkowski, J., (1994) „Computerunterstützung bei der Arbeit mit qualitativen Daten am Beispiel des Marketing" in *ZfB*, Heft:3, S.313-332.

Boynton, A.C., Jacobs G.C. und Zmund, R.W., (1992) „Whose Responsibility is IT Management?" in *Sloan Management Review*, Summer 1996, Vol. 23, S.32-37.

Brenner, W., (1996) „Neue Trends bei Managementinformationssystemen" in *DV Management*, Heft:2, S.83-87.

Bühner, R., (1989) (Hrsg.) „Führungsorganisation und Technologiemanagement" Festschrift für Friedrich Hoffman zum 65. Geburtstag.

Bullinger, H.-J., Fähnrich, K.-P. und Ilg, R., (1993) „Benutzeroberflächen und Entwicklungswerkzeuge" in **Scheer, A.W.**, (1993) (Hrsg.) „Handbuch Informationsmanagement", S. 439-463.

Crockett, F., (1992) „Revitalizing Executive Information Systems" in *Sloan Management Review*, Summer 1992, Vol. 23, S.39-47.

Darling, C.B., (1996) „How to Integrate your Data Warehouse" in *Datamation*, 15. Mai 1996, S.40-51.

Davis, S. und Botkin, J., (1994) „The Coming of Knowledge-Based Business" in *Harvard Business Review*, Sep.-Okt., S.165-170.

Devlin, B.A. und Murphy, P.T., (1988) „An architecture for a business and information system" in *IBM Systems Journal*, Heft:1, Vol.27, S.60-79.

Driesen, W.-D., (1996) „Datawarehouse in der öffentlichen Verwaltung" in *Office Management*, Heft:3, S.36-39.

Drucker, P.F., (1976) „The effective decision" in *Harvard Business Review*, Sept.-Okt. 1976 , S. 51-72.

Eisenstodt, G., (1993) „Information Power" in *Forbes*, 21.Juni 1993, S.44-45.

Fayol, H., (1919) „Administration industrielle et générale".

Feld, C.S. und Marmol, G.G., (1994) „Repairing the Dialog between CEO and CIO" in *McKinsey Quarterly*, Nr.3, S.15-25.

Frackmann, E., (1996) „Managementcomputing: Theorie und Praxis der Computer-unterstützung des Top-Managements".

Frese, E., (1995) „Grundlagen der Organisation" 6. Auflage.

Frese , E., (1992) (Hrsg.) „Handwörterbuch der Organisation".

Frese, E., unter Mitarbeit von **Mensching, H. und v. Werder, A.**, (1987) „Unternehmensführung".

Frese, E. und v. Werder, A., (1992) „Bürokommunikation" in **Frese , E.**, (1992) (Hrsg.) „Handwörterbuch der Organisation" 3. Auflage, Sp.374-390.

Gemünden, G., „Informationsverhalten" in **Frese , E.**, (1992) (Hrsg.) „Handwörterbuch der Organisation" 3. Auflage, Sp.1010-1028.

Gemünden, G., (1983) „Echte Führungsentscheidungen - empirische Beobachtungen zu Gutenbergs Idealtypologie" in *DBW*, 43. Jg., S.49-64.

Götzer, K., (1993) „Bürokommunikation als integraler Bestandteil des Informations-managements" in **Scheer, A.W.**, (1993) (Hrsg.) „Handbuch Informationsmanagement" S. 433-462.

Gorry, G.A. und Scott Morton, M.S., (1971) „A Framework for Management Information Systems" in *Sloan Management Review*, Fall 1971, S. 55-70.

Griffin, J., (1996) „Avoid Data Warehouse Maintenance Migraines" in *Datamation*, August 1996, S.74-76.

Grochla, E., (1980) „Handwörterbuch Organisation" 2. Auflage.

Gutenberg, E., (1976) „Grundlagen der Betriebswirtschaftslehre. 1.Bd.: Die Produktion." 22. Auflage.

Hackathorn, R.D., (1995) „Data Warehouse Energizes Your Enterprise" in *Datamation*, 1.Feb.1995, S.38-42.

Hackathorn, R.D., (1993) „Enterprise Database Connectivity: the Key to Enterprise Applications on the Desktop".

Hahn, D. und Taylor, B., (1992) (Hrsg) „Strategische Unternehmensplanung. Strategische Unternehmensführung" 6. Auflage.

Hammer, M., (1995) „Reengineering: Der Sprung in eine andere Dimension" in *Harvard Business Manager*, Heft:2, S.95-103.

Hasenkamp, U., (1994) „Internationale Aspekte des Informationsmanagements" in **Schiemenz, B. und Wurl, H.-J.,** (1994) (Hrsg.) „Internationales Management" S. 147-160.

Hax, A.C. und Majluf, N.S., (1988) „Strategisches Management".

Hayashi, A.M. und Varney, S.E., (1996) „Six hot Technologies for the 21st Century" in *Datamation*, 1.Aug., S.68-73.

Heinrich, C.E. und Hofmann, M., (1996) „Entscheidungsunterstützung mit dem SAP Open Information Warehouse", in *Industrie Management*, Heft:1, S.21-27.

Henzler, H.A., (1988) „Vision und Führung" in **Henzler, H.A.,** (1988) (Hrsg.) „Handbuch Strategische Führung" S.17-35.

Henzler, H.A., (1988) (Hrsg.) „Handbuch Strategische Führung".

Hinterhuber, H.H., (1989) „Strategische Unternehmungsführung. 1.Hbd. Strategisches Denken" 4. Auflage.

Horváth, P., (1994) „Controlling" 5. Auflage.

Inmon, W.H. (1994) „What is a Data Warehouse?" Prism Solutions, Inc. Tech Topic, Vol.1, No.1.

Inmon, W.H. (1993) „Building the Data Warehouse".

Jaccottet, B., (1995) „Zur Bedeutung von Client/Server-Architekturen in Großunternehmen" in *Wirtschaftsinformatik*, Heft:1, 37 Jg., S.57-64.

Jonscher, C., (1994) „An Economic Study of the Information Revolution" in **Allen, T.J. und Scott-Morton, M.S.**, (1994) (Hrsg.) „Information Technology and the Corporation of the 1990s".

Keen, P.G. und Scott Morton, M.S., (1978) „Decision Support Systems. An Organizational Perspective".

Kieser, A. und Kubicek, H. (1992) „Organisation" 3. Auflage.

Kirsch, W. (1997) „ Strategisches Management: Die geplante Evolution von Unternehmen".

Koreiman, D.S., (1992) „Management" 5. Auflage.

Kotter, J.P., (1982) „What effective general managers really do" in *Harvard Business Review*, Nov.-Dez.1982, S.156-167.

Krallmann, H. und Rieger, B., (1987) „Vom Dessision Support System (DSS) zum Executive Support System (ESS)" in Handbuch moderner Datenverarbeitung, Heft:138, S.28-37.

Kreikebaum, H., (1989) „Strategische Unternehmensplanung" 3. Auflage.

Kreitel, W.A., (1995) „Executive Information Systems als qualitative Herausforderung bei der Neugestaltung von Informationssystemen im Bankgewerbe" in *ZfB*, Heft: 7, S.753-768.

Krcmar, H., (1990) „Entscheidungsunterstützungssysteme: Hilfsmittel und Werkzeuge" in **Kurbel, K. und Strunz, H.,** (1990) (Hrsg.) „Handbuch Wirtschaftsinformatik", S. 405-417.

Krcmar, H., (1992) „Computerunterstützung für die Gruppenarbeit - Zum Stand der Computer Supported Cooperative Work Forschung" in *Wirtschaftsinformatik*, Heft: 4, 34 Jg., S.425-435.

Krcmar, H. und Elgass, P., (1993) „Teams und Informationsmangement" in **Scheer, A.W.,** (1993) (Hrsg.) „Handbuch Informationsmanagement" S. 673-695.

Kurbel, K. und Strunz, H., (1990) (Hrsg.) „Handbuch Wirtschaftsinformatik".

Luczak, H., (1993) „Arbeitswissenschaft".

Malik, F. (1992) „Strategie des Management komplexer Systeme".

Malone, T.W. und Rockart, J.F., (1991) „Computer, Networks and the Corporation" in *Scientific American*, Sept.1991, S.92-99.

Meith, W., (1996) „Implementation eines Data Warehouse" in *Industrie Management*, Heft: 1, S.28-31.

Mertens, P. und Griese, J., (1988) „Industrielle Datenverarbeitung Band 2. Informations-, Planungs- und Kontrollsysteme" 5. Auflage.

Mertens, P., Bodendorf, F., König, W., Picot, A. und Schumann, M., (1991) „Wirtschaftsinformatik".

Mintzberg, H., (1972) „The Myth of MIS" in *California Management Review*, Heft:1, Vol.15, Herbst 1972, S.92-97.

Mintzberg, H., (1973) „The Nature of Managerial Work".

Mintzberg, H., (1976) „Planning on the left side and managing on the right" in *Harvard Business Review*, July-Aug. 1976, S.49-58.

Mintzberg, H., (1989) „Mintzberg on Management".

Mucksch, H., Holthuis J. und Reiser, M., (1996) „Das Data Warehouse Konzept - ein Überblick" in *Wirtschaftsinformatik*, 38. Jg. , Heft 4, S. 421-433.

Müller-Böling, D., (1989) „Zwischen Technikeuphorie und Tastaturphobie" in *Office Management*, Heft:4, S.22-26.

Müller-Böling, D. und Ramme, I., (1990) „Informations- und Komunikationstechniken für Führungskräfte".

Müller-Böling, D., Klautke, E. und Ramme, I., (1989) „Manager Alltag" in *Bild der Wissenschaft*, Heft: 1, S. 104-112.

o.V. (1996) „The Business Case for Data Warehouse" Butler Publishing Ltd.

o.V. (1996b) „Oracle Seminar am 4.12.1996 in Berlin. Thema: Data Warehouse" Präsentationsmappe.

o.V., (1995) „The End of Delegation? Information Technology and the CEO" in *Harvard Business Review*, Sep.-Okt.1995, S.161-172.

Picot, A. und Maier, M., (1992) „Computergestützte Informationssysteme" in **Frese**, **E.**, (1992) (Hrsg.) „Handwörterbuch der Organisation" 3. Auflage, Sp.923-936.

Picot, A. und Reichwald, R., (1987) „Bürokommunikation".

Porter, M.E., (1985) „Competitive Advantage".

Porter, M.E. und Millar, V.E., (1985) „How Information gives you Competitive Advantage" in *Harvard Business Review* ", July-Aug.1985, S.149-160.

Probst, G.J.B. und Gomez, P., (1989) „Die Methodik des vernetztes Denkens zur Lösung komplexer Probleme" in **Probst, G.J.B. und Gomez, P.** (1989) (Hrsg.) „Vernetztes Denken", S.1-18.

Probst, G.J.B. und Gomez, P., (1989) (Hrsg.) „Vernetztes Denken".

Redman, T.C., (1995) „Improve Data Quality for Competitive Advantage" in *Sloan Management Review*, Winter 1995, S.99-107.

Reichmann, T., (1996) „Management und Controlling" in *ZfB*, Heft:5, S.559-585.

Reichmann, T., Fritz, B. und Nölken, D., (1993) „EIS-gestütztes Controlling: Schnittstelle zwischen Controlling und Informationsmanagement" in **Scheer, A.W.,** (Hrsg.) „Handbuch Informationsmanagement".

Rockart, J.F. (1979) „Chief Executives Define Their Own Data Needs" in *Harvard Business Review* ", Mar.-April 1797, S.81-93.

Rockart, J.F. und De Long, D.W., (1988) „Executive Support Systems. The Emergence of Top Management Computer Use".

Rockart, J.F. und Treacy, M.E., (1982) „The CEO goes on-line" in *Harvard Business Review* ", Jan.-Feb.1982, S.82-88.

Rockart, J.F. und Treacy, M.E., (1980) „Executive Information Support Systems".

Rosenhagen, K., (1994) „Informationsversorgung von Führungskräften - Empirische Untersuchung", in *Controlling*, Heft:5, S.272-281.

Scheer, A.W., (1996) „Data Warehouse und Data Mining: Konzepte der Entscheidungsunterstützung" in *Information Management*, Heft:1, S.74-75.

Scheer, A.W., (1993) (Hrsg.) „Handbuch Informationsmanagement".

Scheer, A.W., (1993) „ARIS. Architektur intergrierter Informationssysteme" in **Scheer, A.W.,** (1993) (Hrsg.) „Handbuch Informationsmanagement".

Scheer, A.W., (1990) „EDV-orientierte Betriebswirtschaftslehre. Grundlagen für ein effizientes Informationsmanagement." 4. Auflage.

Scheer, A.W., (1988) „Wirtschaftsinformatik" 2.Auflage.

Schiemenz, B. und Wurl, H.-J., (1994) (Hrsg.) „Internationales Management".

Schlicksupp, H., (1988) „Anstöße zum innovativen Denken" in **Henzler, H.A.,** (Hrsg.) „Handbuch Strategische Führung", S. 691-715.

Schreyögg, G., (1993) „Unternehmensstrategie. Grundfragen einer Theorie strategischer Unternehmensführung " Studienausgabe.

Schwab, W., (1996) „Data Warehouse als Grundlage für Management Informations Systeme" in *DV Management*, Heft:2, S.79-82.

Scott Morton, M.S. (1991) (Hrsg.) „The corporation of the 1990s".

Staehle, W., (1991) „Management. Eine verhaltenswissenschaftliche Perspektive" 6. Auflage.

Staerke, R., (1989) „Telekommunikation - organisatorische und personelle Auswirkungen einer rasanten technischen Entwicklung" in **Bühner, R.,** (1989) (Hrsg.) „Führungsorganisation und Technologiemanagement" Festschrift für Friedrich Hoffman zum 65. Geburtstag.

Stamp, B., (1996) „Enterprise Data Access im verteilten Client/Server Umfeld" in *Office Management*, Heft:3, S.30-35.

Steinbuch, K. und Rupprecht, W., (1982) „Nachrichtentechnik".

Steinmann, H. und Schreyögg, G., (1993) „Management. Grundlagen der Unternehmensführung" 3. Auflage.

Strassman, P.A., (1995) „Governance: The New IS Agenda" in *Computerworld*, 27.Feb.1995, S.2-7.

Streicher, H., (1989) „EDV am Arbeitsplatz des Managers" in *Office Management*, Heft:4, S.38-41.

Szyperski, N., (1980) „Informationsbedarf" in **Grochla, E.,** (1980) „Handwörterbuch Organisation" 2. Auflage.

Thierauf, R.J., (1988) „User-oriented Decision Support Systems".

Tiemeyer, E., (1996) „Lösungswege zur besseren Führungsinformation" in *Office Management*, Heft:5, S.42-46 und Heft:6, S. 54-57.

Tiemeyer, E. und Herzog, F. (1989) „PC-Nutzung durch Führungskräfte" in *Office Management*, Heft:4, S.28-37.

Ulrich, H., (1970) „Die Unternehmung als produktives, soziales System".

Venkatraman, N., (1994) „IT-Enabled Business Transformation: From Automation to Business Scope Redefinition" in *Sloan Management Review*, Winter 1994, S.73-87.

v. Werder, A., (1996) „Grundsätze ordnungsmäßiger Unternehmungsleitung (GoU) - Bedeutung und erste Konkretisierung von Leitlinien für das Top-Management" in **v. Werder, A.,** (1996) (Hrsg.) „Grundsätze ordnungsmäßiger Unternehmungsführung (GoF)" Sonderheft 36 der *ZfbF*, S. 27-74.

v. Werder, A., (1996b) „Grundsätze ordnungsmäßiger Unternehmungsführung (GoF) - Zusammenhang, Grundlagen und Systemstruktur von Führungsgrundsätzen für die Unternehmungsleitung (GoU), Überwachung (GoÜ) und Abschlußprüfung (GoA)" in **v. Werder, A.,** (1996) (Hrsg.) „Grundsätze ordnungsmäßiger Unternehmungsführung (GoF)" Sonderheft 36 der *ZfbF*, S. 1-26.

v. Werder, A., (1996) (Hrsg.) „Grundsätze ordnungsmäßiger Unternehmungsführung (GoF)" Sonderheft 36 der *ZfbF*.

v. Werder, A., (1995) „Management: Mythos oder regelgeleitet Kunst des Möglichen?" in *Der Betrieb*, Heft:44, 48 Jg., , S.2177-2183.

v. Werder, A., (1994) „Unternehmensführung und Argumentationsrationalität".

Wiendieck, G., (1992) „Akzeptanz" in **Frese , E.,** (1992) (Hrsg.) „Handwörterbuch der Organisation" 3. Auflage, Sp.89-98.

Witte, E., (1992) „Entscheidungsprozesse" in **Frese , E.,** (1992) (Hrsg.),,Handwörterbuch der Organisation" 3. Auflage, Sp.552-565.

Witte, E., (1972) „Das Informationsverhalten in Entscheidungsprozessen".

Witte, E., (1972) „Das Informationsverhalten in Entscheidungsprozessen".

Wrapp. H.E., (1967) „Good managers don't make policy decisions" in *Harvard Business Review*, Sept.-Oct. 1967, S.91-99.

Würthner, V., (1996) „Data Warehouse: Neue Dimension im DV gestützten Personal Controlling", in *Personalführung*, Heft:3, S.206-213.

Zanger, C. und Baier, G., (1995) „Computerunterstützte Entscheidungsfindung im Top-Management mittelständischer Unternehmen" in *Wirtschaftsinformatik*, 37. Jg., Heft:1, S.50-56.

Diplomarbeiten Agentur

Die Diplomarbeiten Agentur vermarktet seit 1996 erfolgreich
Wirtschaftsstudien, Diplomarbeiten, Magisterarbeiten, Dissertationen
und andere Studienabschlußarbeiten aller Fachbereiche und Hochschulen.

Seriosität, Professionalität und Exklusivität prägen unsere Leistungen:

- Kostenlose Aufnahme der Arbeiten in unser Lieferprogramm
- Faire Beteiligung an den Verkaufserlösen
- Autorinnen und Autoren können den Verkaufspreis selber festlegen
- Effizientes Marketing über viele Distributionskanäle
- Präsenz im Internet unter **http://www.diplom.de**
- Umfangreiches Angebot von mehreren tausend Arbeiten
- Großer Bekanntheitsgrad durch Fernsehen, Hörfunk und Printmedien

Setzen Sie sich mit uns in Verbindung:

Diplomarbeiten Agentur
Dipl. Kfm. Dipl. Hdl. Björn Bedey —
Dipl. Wi.-Ing. Martin Haschke ——
und Guido Meyer GbR ————

Hermannstal 119 k ————
22119 Hamburg ————

Fon: 040 / 655 99 20 ————
Fax: 040 / 655 99 222 ————

agentur@diplom.de ————
www.diplom.de ————

Diplomarbeiten Agentur

www.diplom.de

- **Online-Katalog**
  mit mehreren tausend Studien

- **Online-Suchmaschine**
  für die individuelle Recherche

- **Online-Inhaltsangaben**
  zu jeder Studie kostenlos einsehbar

- **Online-Bestellfunktion**
  damit keine Zeit verloren geht

**Wissensquellen
gewinnbringend nutzen.**

**Wettbewerbsvorteile
kostengünstig verschaffen.**